L'Ouest Minier

Nos Mines et Minières

LE MINERAI DE FER

de l'Anjou,
de la Basse-Bretagne
et de la Fosse Vendéenne

PRIX : 5 FRANCS

ÉDITION DE

LA BRETAGNE
ÉCONOMIQUE ET FINANCIÈRE

1, Rue Saint-Julien (Place Royale) — NANTES

IMPRIMERIE COTTIN, 17, RUE MERCŒUR, NANTES

1913

Le Minerai de Fer de l'Anjou, de la Basse-Bretagne et de la Fosse Vendéenne

Dans ces dernières années, le monde métallurgique minier et financier s'est intéressé de plus en plus au minerai de fer de la Normandie, puis à celui de la Basse-Bretagne et de l'Anjou. Actuellement, de nombreuses concessions de mines de fer entrent en pleine activité en Normandie et en Anjou ; d'autre part, les travaux de recherches et les demandes de nouvelles concessions se multiplient.

Il a paru intéressant à **La Bretagne Economique et Financière,** de réunir les renseignements que l'on possède sur cette question, de les mettre à jour en les complétant par de nombreux renseignements inédits et personnels et de les coordonner pour les présenter rationnellement sous forme d'une étude générale des minerais de fer des terrains paléozoïques de l'Ouest de la France.

L'étude commence par un aperçu général de l'histoire géologique de la Bretagne, où se trouvent expliqués la formation des plissements du sous-sol et la configuration topographique de la région, et par des données générales sur le minerai de fer des terrains paléozoïques de l'Ouest, où se trouvent exposés la constitution et la formation du minerai de fer.

Le chapitre relatif à la Normandie est une étude géologique, technique et économique concise, mais complète des gisements de fer de cette région, où 9 concessions sont actuellement exploitées.

Le chapitre relatif à la région bretonne-angevine est le plus étendu, car aucune étude complète n'avait encore été publiée sur ce sujet ; c'est d'ailleurs celle sur laquelle sont fondés les plus grands espoirs. Après le rappel des exploitations anciennes et l'indication des productions des dernières années, suit une description géologique et tectonique détaillée de la région et des données générales sur la position stratégraphique et la constitution des niveaux ferrifères. Les gisements de minerai de fer sont ensuite passés en revue en suivant de l'Est à l'Ouest, successivement, chacun des synclinaux siluriens de la région ; la description des excavations laissées un peu partout par les exploitations anciennes, des travaux d'exploitations des concessions de Maine-et-Loire, des minières de la Loire-Inférieure et des résultats connus des travaux de recherches en cours font de ce chapitre un document des plus utiles à tous ceux qui s'occupent de la question. Le chapitre se termine par des considérations économiques sur l'avenir de la région où se trouve résumée d'une façon nette la situation du marché du minerai de fer.

Le chapitre suivant est consacré à la Vendée, région peu riche en minerai de fer et où il y a peu de choses à dire.

Le dernier chapitre décrit le grand géosynclinal médian de la Bretagne, comprenant les bassins de Châteaulin et de Laval. Rien ou presque rien n'a été publié sur le minerai de fer de cette région, encore peu connu. L'étude met en évidence la probabilité de richesses minières importantes dans cette région.

Accompagnée de nombreux croquis, coupes géologiques, cartes géologiques, qui contribuent à la clarté et à la précision, l'étude publiée par la *Bretagne Economique et Financière* comble une lacune ; elle rendra les plus grands services au prospecteur dirigeant des recherches, au métallurgiste, achetant du minerai, au financier désireux de se faire une opinion.

C'est une étude qui vient à son heure et que tout usinier, métallurgiste, financier, géologue, lira avec profit.

Les Terrains paléozoïques
de l'Ouest de la France

RICHESSES MINÉRALES de l'Ouest de la France

INTRODUCTION

Aperçu Général sur la

GÉOLOGIE et la TECTONIQUE

du Nord-Ouest de la France

Pour bien apprécier l'importance des richesses minérales d'un pays, la possibilité et l'avenir de leur exploitation industrielle, il est des plus utiles de connaître autant que se peut, leur origine et leur genèse. Aussi, avant de décrire ici les principales richesses minérales de la Bretagne, nous croyons utile de rappeler au lecteur l'histoire géologique et tectonique de cette région.

∴

La Terre, ne cesse, au cours du temps de se refroidir, par conséquent de se contracter. Les couches superficielles se fragmentent en voussoirs qui tombent ou glissent en se plissant et en se pressant les uns contre les autres, sous l'action de l'attraction centrale, qui produit des actions radiales d'effondrement sur place et des actions tangentielles de glissement.

On est fondé à affirmer que, pour l'hémisphère boréal tout au moins, celles-ci se sont toujours exercées du Sud au Nord, produisant une poussée vers le pôle des couches superficielles.

Les terrains qui constituent aujourd'hui la Bretagne ont donc dû se déposer dans des mers situées plus au Sud.

Tout au début, dans la *période archéenne*, de la solidification superficielle de la terre, il s'est produit des plis orientés suivant les parallèles, accentués surtout au voisinage du pôle où ils ont fait saillir la chaîne précambrienne ou huronienne et des effondrements avec fractures orientés suivant les méridiens, donnant des dénivellations orthogonales aux précédentes. Les premiers plissements ont eu tendance à reparaître aux époques suivantes ; il y avait notamment une grande fosse suivant le parallèle de Rennes, une fracture suivant le méridien de Moulins correspondant à un faîte et une autre suivant le méridien de Rennes correspondant à une gouttière.

A ce moment la mer recouvrait complètement la Bretagne, mais elle était plus profonde au Sud qu'au Nord, c'est-à-dire du côté du continent boréal. Ses dépôts constituent aujourd'hui les phyllades dites de Saint-Lô et les schistes et poudingues, dits de Gourin, ce sont des schistes, avec des conglomérats et des lentilles calcaires. Les schistes sont, au Sud, dans la Vendée, le Morbihan et le Finistère, noirs verdâtres, satinés et séricitiques, contenant des lits quartziteux et un nombre immense de filons de quartz ; au Nord, dans l'Ille-et-Vilaine, la Manche, ils sont plus grossiers et alternent avec des grès et des grauwackes felspathiques.

Les conglomérats et lentilles calcaires forment un niveau constant au sommet de l'étage précambrien ; ils sont très développés à Gourin où ils ne contiennent presque que des galets de quartz blanc ; plus au nord à Granville, ils contiennent des galets très variés, notamment des schistes syénitisés et granitisés et du granite.

A l'*époque silurienne*, les plissements durent se modeler sur les reliefs du continent boréal et sur les plissements déjà existants des fonds des mers. L'existence d'un faîte du substratum sur le méridien de Moulins a déterminé une inclinaison des plissements par rapport aux parallèles; à l'Est du méridien de Moulins vers l'Est-Nord-Est, entre le méridien de Moulins et celui de Rennes, vers l'Ouest-Nord-Ouest; à l'Ouest du méridien de Rennes vers l'Ouest-Sud-Ouest. La direction des plissements s'est ainsi progressivement inclinée sur le parallèle, jusqu'à une inclinaison d'un quart de quadrant. Les plissements sont devenus très importants à la fin de l'époque silurienne, déterminant la formation de la chaîne calédonienne, mais encore bien au Nord de la Bretagne.

Celle-ci était encore sous la mer où se déposaient les éléments détritiques provenant de la chaîne huronienne.

Le poudingue et les schistes violets dits de Montfort (cambrien) forment la base de ces dépôts; cet étage présente une épaisseur considérable au Nord où les conglomérats alternent avec des schistes rouges et des grès verts; son épaisseur diminue progressivement vers le Sud, se réduisant à une centaine de mètres dans le Finistère, paraissant manquer dans la région d'Angers et d'Ancenis.

Au dessus se trouvent le grès armoricain à Scolithes, puis les schistes dits d'Angers (ordovicien). Le grès armoricain, accompagné du minerai de fer se réduit aussi du Nord au Sud, son épaisseur variant de 500 à 50^{m}; les schistes paraissent au contraire un peu plus puissants au Sud qu'au Nord.

Le silurien supérieur (gothlandien) présente également des modifications de latitude, mais bien plus compliquées. Les grès et psammites qui forment la base de cette série dans la région de Chateaulin, Laval, Segré, paraissent manquer au Sud du côté d'Angers et d'Ancenis. Les phtanites si développées dans l'Anjou perdent de leur importance en avançant au Nord; les ampélites sont plus développés, au contraire, au Centre et au Nord; enfin les schistes à nodules avec Cardiola interrupta qui couronnent la série ont une plus grande importance dans les bassins du Nord et du Centre que dans ceux du midi.

Ces faits montrent qu'à cette époque la Bretagne participait d'une façon de plus en plus énergique aux plissements produits par la poussée du Sud et que les fonds marins subissaient des oscillations très nettes.

Si, d'autre part, on suit les dépôts siluriens de l'Est à l'Ouest, il s'établit clairement que la mer silurienne qui recouvrait le territoire français était limitée par un continent à l'Ouest, dont la côte était située sur l'Atlantique.

Le poudingue cambrien, réduit à quelques mètres en Normandie, s'épanouit vers l'Ouest, au point de mesurer 500 mètres au moins; en même temps, la grosseur des galets qui en marquent la base augmente dans cette direction; les schistes rouges cambriens, dont la puissance est de quelques centaines de mètres en Normandie, mesurent jusqu'à 2.500 mètres à l'Ouest en Bretagne.

L'épaisseur du grès armoricain qui est d'une cinquantaine de mètres à l'Est du massif armoricain est parfois plus que décuplée à l'Ouest.

Enfin, les calcaires subordonnés aux schistes rouges cambriens et très développés dans la vallée de la Laize, au sud de Caen, disparaissent à l'ouest.

Tous ces faits prouvent que le rivage de la mer silurienne devait se trouver sur l'Atlantique actuel, au Nord-Ouest du Finistère.

A l'*époque devonienne-carbonifère*, les plissements deviennent de plus en plus intenses et finissent par aboutir à l'émersion de notre région; comme précédemment ils s'inclinent de plus en plus sur les parallèles, et leur direction finit par former un quadrant avec ceux-ci.

En même temps que de l'époque précambrienne à l'époque carbonifère, les nouveaux sédiments se plissaient et se fracturaient progressivement, le pli archéen suivant le parallèle de Rennes rejouait, laissant passage à des roches profondes qui ont étiré les plis vers l'Ouest, faisant disparaître, sauf tout à fait au Nord la courbure de leur tracé sur le méridien de Rennes, de telle sorte que dans la partie méridionale, tous les plissements bretons sont orientés vers le Nord-Ouest. Ces plissements déterminent à la fin la formation de la chaîne hercynienne dont la Bretagne, le Massif

Central, les Vosges, les Ardennes sont les derniers vestiges en France.

Avant l'émersion, les produits de la destruction de la chaîne calédonienne se déposent dans la mer bretonne.

Ils forment les schistes et quartzites, dits de Plougastel, visibles seulement au Nord où ils atteignent une épaisseur de 1.000 mètres, puis les grès dits de Gahard ou de Landevennec, très constants, mais très réduits.

Puis se sont déposés le calcaire dit de Nehou, développé au Sud, réduit au Nord à des lentilles isolées dans des masses de schistes et de grauwackes ; les schistes dits de Porsguen, paraissant limités à la rade de Brest ; le calcaire de Chalonnes, limité à cette région.

Le dévonien supérieur, représenté par le calcaire de Copchoux, est comme le calcaire de Chalonnes limité à la région méridionale.

Cette diversité de la répartition géographique des assises dévoniennes suivant des bandes orientées NO-SE montre qu'à l'époque dévonienne l'ondulation de la Bretagne en étroits bassins parallèles était déjà indiquée.

La division du pays en rides parallèles était encore plus accentuée dès le début de l'époque carbonifère; les dépôts de cet étage (poudingues, schistes et grès) sont limités à certains plis à l'exclusion des autres : Chateaulin, Laval, Angers, Segré; ils présentent des caractères spéciaux dans chacun d'eux et tous les conglomérats y sont des produits de remaniements locaux; on peut en conclure qu'à cette époque, la Bretagne, faisant partie de la grande chaîne hercynienne, était déjà émergée en grande partie et n'était plus découpée que par des golfes allongés vers le Nord-Ouest où se sont déposés les sédiments carbonifères.

A la fin de l'époque houillère, la Bretagne était complètement émergée et formait avec le Sud-Ouest de l'Angleterre, partie d'un continent s'étendant sur une partie de l'Atlantique actuel.

La poussée du Sud a continué son action sur le continent ainsi formé, qui a résisté comme un bloc, mais pas toujours victorieusement. Les grandes poussées qui ont fait surgir les Pyrénées et les Alpes ont fait rouvrir d'anciennes fractures, rejouer les plis primitifs. L'Atlantique s'est formé dans sa position actuelle, à l'époque du jurassique supérieur, engloutissant une partie du continent dont faisait partie la Bretagne; la Manche s'est ouverte au Lutécien (éocène supérieur) séparant la Bretagne du Sud-Ouest de l'Angleterre. Le continent restant a même été envahi par les eaux du Sud au Nord à l'oligocène, suivant le méridien de Rennes, mais ce ne fut qu'un évènement relativement passager.

Pendant cette longue période d'émersion, les actions atmosphériques ont largement abrasé les reliefs primitifs; les torrents ont emmené les débris à la mer en creusant leurs vallées le long des lignes de moindres résistances soulignant ainsi, pour l'observateur attentif, la structure intime du massif.

∴

L'histoire géologique et tectonique de la Bretagne que nous venons de résumer rapidement en fera bien comprendre sa structure. Elle est due à deux puissants plis anticlinaux qui relèvent les strates au Nord et au Sud de la contrée :

1° L'axe anticlinal du Léon de Brest à l'île de Guernesey et au Cap de la Hague ;

2° L'axe anticlinal des Cornouailles de l'île de Sein à Nantes.

Ils divergent d'un point idéal situé au large d'Ouessant, se dirigeant l'un vers la Normandie, l'autre vers la Vendée, ramenant à l'affleurement les roches les plus anciennes du pays, les vieux gneiss fondamentaux. Avec la fracture du méridien de Rennes, qui a déterminé l'avancée du Cotentin, ils expliquent la configuration géographique de la Bretagne.

Ces plis ont été favorables à l'arrivée au jour des roches éruptives.

Le long de l'*anticlinal du Léon*, les venues datent de l'époque carbonifère, d'abord la granitite grise, à éléments porphyroïdes, riche en mica noir, formant les massifs de Kersaint, Kerlouan, Plouescat, Roscoff, île de Batz, Tredrez à Ploulech et au Sud la bande de Kersaint-Plabennec ; puis le granite porphyroïde rose de l'Aber-Ildut, de Saint-Pol-de-Léon, Carantec, Primel, Lanmeur, Trégastel, Jersey et Flamanville, puis la granulite (granite à deux micas) qui forme les massifs de Porspoder à Ploudalmezeau, à Landéda et à Plouguerneau, de Kerlouan, de Plounevez à l'île de Batz, de Plouarzel et du Loc-Brévalaire, de Saint-Vougay à la grève de Saint-Pol-de-Léon, de Plougouvelin à Plouzaré, de l'Isle-Grande enfin.

La *grande ride des Cornouailles* qui va de la baie d'Audierne à Nantes et en Vendée est un système très ancien de plis formé d'un noyau de gneiss, recouvert d'une alternance de gneiss et micachistes. Ce système a été crevé avant l'époque silurienne, sans doute, par une large et longue bande de granulite fidèlement flanquée d'un long et mince filon de quartz. Cette granulite s'est fait jour en resserrant les plissements qui préexistaient.

L'anticlinal des Cornouailles a la forme d'un solide de torsion : incliné au Nord dans la région bretonne, renversé au Sud dans la région vendéenne, la partie intermédiaire étant normale ; la partie déjetée vers le Nord est l'effet direct de la poussée vers le Nord ; la partie déjetée vers le Sud en est l'effet inverse produit par la présence des noyaux de granites archéens qui courent des Sorinières à Montaigu.

Au Sud-Ouest et le long de la ride des Cornouailles, court une zone d'effondrement (*fosse vendéenne*) marquée par le golfe du Morbihan, résultant d'un effondrement récent, par la Grande Brière, d'âge au moins éocène et par le lac de Grand-Lieu, dépression ancienne et constante. car elle a été fosse houillère et miocène ; ces trois fosses s'alignent sur le prolongement de la faille de Chantonnay et révèlent un long et profond synclinal en avant de l'anticlinal des Cornouailles.

Entre les deux grandes rides du Léon et des Cornouailles s'étend un geosynclinal longitudinal, *longue dépression intérieure* qui se continue de la rade de Brest aux bords des ceintures concentriques du bassin parisien. Cette vaste dépression de forme triangulaire, remplie de formations plus récentes que celles qui la limitent est occupée par une série de plis synclinaux et anticlinaux, datant de l'époque carbonifère, mais amorcés aux époques antérieures: ces ondes, également abrasées par la dénudation, dessinent sur la carte des rayures divergeant vers l'Est, les plis de la partie septentrionale se recourbant vers le Sud en traversant vers l'Est le méridien de Rennes. Plus serrés à l'Ouest de la Bretagne, ces plis s'écartent donc en avançant à l'Est où de nouveaux plis s'intercalent graduellement entre les premiers :

Les principaux synclinaux sont énumérés ci-dessous du Nord au Sud :

1. Du Conquet à Paimpol, Jersey et Valognes ;
2. De Landerneau à Binic, Erquy, Lessay ;
3. Des Monts d'Arrée à la baie de la Fresnaie, Littry et Bayeux ;
4. De Bellevue à Lamballe, Saint-Malô, Grandville, Falaise ;
5. De l'Hermitage à Plancœt ;
6. Du Bodéo à Jugon, baie du Mont Saint-Michel, Mortain, Domfront ;
7. De Gahard ;
8. De Liffré ;
9. De Guichen { Synclinal de la forêt de Montfort; Synclinal de Paimpont ; Synclinal de la lande du Halgros ; De la Chaise ;
10. De Poligné ;
11. De Reminiac ;
12. De la pointe du Raz à Quimper, Malestroit, Saint-Julien-de-Vouvantes, Saint-Barthélémy ;
13. Du Grand-Auverné à Angers ;
14. D'Elven, par le Houx, à Angers et à Saint-Maurille ;
15. De Rieux à Vioreaux et à Bouchemaine ;
16. De Beganne à Blain et Teillé ;
17. De la Forêt de la Groulais à Chalonnes et Chaudefonds ;
18. Du Sud de Carquefou au Bocage-Vendéen.

Les bandes parallèles ne doivent pas être considérées comme le résultat de la sédimentation dans des « bassins » allongés mais au contraire comme le reste, après plissement et érosion, de dépôts beaucoup plus étendus en surface ; le mot bassin quelquefois employé est donc des plus impropres.

Les bandes synclinales n'ont pas une allure régulière suivant leur direction ; elles ont été énergiquement malaxées par les actions tectoniques.

Au Nord du *parallèle de Rennes*, on suit comme nous l'avons déjà dit, un chapelet d'îlots granitiques, dont la formation a produit le phénomème d'étirement vers le Nord-Ouest caractéristique de la Bretagne en se combinant avec la poussée du Sud.

D'abord est venue à l'époque précambrienne la diorite, formant des massifs alignés de Tremerven et de la baie de la Fresnaie à Coutances et à l'état feuilleté les îlots de Tremerven, Pludual, Saint-Quay, le massif de Gommenech-Pommerit, la bande de Trégonneau, Chatelaudren, Tremuson, Saint-Brieuc et la bande de Cœtmieux.

De l'époque cambrienne, date le granite de Perros-Guirec, grenu, rose, avec quartz granitique, mica noir et amphibole.

A l'époque carbonifère, la granitite (granite porphyroïde à mica noir) s'est fait jour en dissolvant les terrains sédimentaires, par une intrusion tout à fait passive et a formé les ellipses de Plouaret, Huelgoat, Rostrenen, Quintin, Moncontour, Dinan, Fougères, Mayenne.

A la même époque, mais postérieurement au granite, la granulite s'est fait jour à Guerlesquin, Guingamp, Plouguenoual, Plesidy, Lamballe, Plénée-Jugon, Mayenne, Alençon.

Plus au Sud existe un *anticlinal* remarquable ; celui de *Ploaré, Pontivy, Rennes, Château-Gontier,* ramenant à la surface le précambrien, percé au Sud de la baie de Saint-Brieuc, dans les monts du Méné par la granitite de Gommeno, Merillac et Laurelas et la granitite de Plouguénast, entourés d'une auréole de mica schiste, et remplacé sur son bord Sud dans la partie occidentale par une masse de granulite qui se suit de la pointe du Van à Pontivy, formant en outre notamment les massifs du Faouet à Langodan et Lescouet et se prolongeant par le massif de Lizio et la Villeder ; cette granulite a transformé les schistes en micaschistes sur l'anticlinal de Ploaré et autour de Locminé, où ils englobent le petit massif granitite du Bignon.

Plus au Sud, il y a encore une autre anticlinal très remarquable, celui des *Landes de Lanvaux*, marqué par une venue de granite, dont on ne voit guère que le faciès schisteux dû au contact de schistes précambriens.

Ce sont ces anticlinaux que nous venons de décrire qui ont déterminé l'importance plus ou moins grande de chacun des synclinaux.

Au Nord de la bande des roches ignées qui suivent le Nord du parallèle de Rennes, le synclinal de Granville à Falaise a pris une grande profondeur, et constitue un pli particulièrement marqué, la *fosse bocaine*.

Entre la bande de roches ignées et le grand anticlinal de Ploaré, Loudéac, Rennes, se trouve la *fosse médiane* de la Bretagne.

A l'Ouest, dans ce qu'on appelle le bassin de Châteaulin, les synclinaux 4, 5, 6, s'étalent assez largement, bien qu'au Sud les couches siluro-devoniennes aient été redressées complètement sous la poussée du Sud, formant la chaîne des Montagnes Noires.

A l'Est, il en est de même dans le bassin de Laval.

Mais au Centre, dans ce qu'on appelle le Bassin de Menez Bel Air, situé précisément sur le méridien de Rennes, si remarquable, les couches empilées dans la profonde gouttière méridienne archéenne, ont été comprimées énergiquement. C'est moins un synclinal qu'une tranche de terrain découpée en failles obliques dans un synclinorium siluro-carbonifère disparu depuis et tombée dans une fosse ouverte entre des murailles précambriennes. Cette tranchée a été tordue : la moitié orientale a été déversée vers le Nord par la poussée du Sud, mais la moitié occidentale buttant contre la granite de Dinan et Montcontour, s'est cabrée sous la poussée du Sud et renversée en arrière vers le Sud ; le bord septentrional est régulier, mais le bord méridional est tourmenté de cassures et sculpté par une longue faille d'étirement.

Entre l'anticlinal de Loudéac, Rennes, Château-Gontier et l'anticlinal des Landes de Lanvaux, les couches, presqu'exclusivement siluriennes s'étalent assez largement (plis 9 à 13). Si certains synclinaux sont aigus et pincés, les voutes des anticlinaux sont très plates et légèrement ondulées.

Au Sud de l'anticlinal des landes de Lanvaux, au contraire les couches ont été serrées contre celui-ci par le granulite du sillon de Bretagne. Il y a une fosse étroite; la *fosse bas-bretonne* marquée par de nombreuses rivières et par la houille qui se suit de la pointe de Raz à Quimper se dessine par le graphite des terrains métamorphisés entre Meucon et la Vilaine, se développe enfin à Nort, la Rouxière, Chalonnes, Ancenis. C'est la fosse bas-bretonne (plis 14 à 17).

Le dernier pli numéroté 18 fait partie de la *(fosse vendéenne)* dont il a déjà été parlé.

Non seulement les plis subissent des variations d'amplitude de surface, mais aussi ils *ondulent verticalement* dans le sens de leur allongement, montrant successivement à l'affleurement, des tranches inégalement profondes du pli synclinal. Ces ondulations, loin d'être spéciales à chaque pli ou disséminées irrégulièrement sont ordonnées suivant cette loi que leurs lignes directrices se continuent à travers les divers synclinaux parallèlement à l'axe du Léon (axes de Dinan, Fougères, Coëvrons, Guérande, etc.) Mais ces rides orthogonales aux plis décrits ci-dessus, ont moins d'intensité.

***

Les plissements, les effondrements radiaux que nous venons de décrire, ne se sont pas faits sans de nombreuses *fractures.* Celles-ci ne peuvent toutes se prêter à une synthèse analogue à celle que nous avons faite pour les plissements, car les failles des régions les plus fréquemment fissurées ont toutes les directions. Toutefois, les grandes fractures ont des orientations assez constantes : on conçoit en effet qu'une petite fracture doit être superficielle et trahisse un défaut local d'homogéinité des roches ; les failles profondes sont, au contraire, orientées suivant les grandes lignes de moindre résistance.

Les directions les plus fréquentes en Bretagne sont d'abord celles même des plissements, direction des failles d'étirement ou de tassement corrélatifs du plissement, puis la direction perpendiculaire, direction des failles de décrochement.

Les *roches hypoabyssiques* et les venues filoniennes qui se sont insinuées dans ces fentes sont des plus variées; (microgranulite, kersantite, diabase diverses). Nous signalerons seulement au nord de Rennes et de Laval, c'est-à-dire au voisinage de la fracture archéenne du méridien de Rennes d'innombrables champs de filons de diabase (microgabbros), témoins des phénomènes éruptifs dont les abords de ce méridien ont été le théâtre à diverses époques.

***

Enfin, il nous reste à parler des *roches laviques*, que les volcans anciens ont évacuées à diverses époques ; elles sont à peu près localisées sur le parallèle de Rennes, ce synclinal archéen déjà favori des intrusions de roches granitiques profondes : il y en a d'âge précambrien, dans la région de Saint-Brieuc : gabbros et norite de La Poterie et Trégomar (andésite noire) ; d'âge cambrien dans le Trégorrois : albitophyre, orthophyre, obsidienne (trachytes) ; d'âge ordovicien dans le Finistère, dans la région du Menez-Hom, où des volcans sous-marins ont projeté des lapilles, des cendres ayant formé des tufs et fait couler des andésites diverses ; d'âge carbonifère, dans la région du Menez-Belair.

***

Ce rapide exposé a fait comprendre au lecteur l'extrême variété du vieux sol breton, qui saute aux yeux dès qu'on examine les cartes géologiques si bariolées dans notre région. On conçoit qu'il s'y trouve des richesses très variées dont on ne sait sans doute encore que peu de choses.

Sur le canevas que nous venons de tracer, on peut maintenant les passer utilement en revue.

LE MINERAI DE FER

CHAPITRE PREMIER

OBSERVATIONS GÉNÉRALES

I

Minéraux du Fer

Le fer est avec le silicium, l'aluminium et le calcium, un des éléments de l'écorce terrestre les plus répandus. Quel que soit le fragment de roche que l'on considère, il est fort rare d'en trouver un seul dans la composition duquel le fer ne se présente pas. La quantité proportionnelle du métal varie d'un rien à une teneur assez grande pour que l'industrie puisse en tirer parti et alors la roche devient un véritable minerai.

Comme on le sait, les composés du fer que l'on rencontre le plus souvent dans ces minerais sont :

1° L'*oligiste*, Fe^2O^3, cristallisée ou concrétionnée, noire à éclat métallique et poussière rouge, ou fibreuse rouge, appelée alors *hématite rouge* Fe^2O^3 (densité 4,9 à 5,3) ;

2° L'*hématite brune*, $Fe^2O^3 + \frac{3}{2} H^2O$, et les *limonites* qui en dérivent et sont plus ou moins hydratées ; ces oxydes hydratés ont une poussière brun jaunâtre et leur couleur varie du noirâtre au jaune clair ; (densité 3,4 à 3,9) ;

3° La *magnétite*, Fe^3O^4 noire, densité 5,17 ;

4° La *sidérose*, CO^3Fe, densité 3,83 à 3,88 ;

5° Les *silicates* hydratés de fer, magnésie et aluminium (chorites telles que la bavalite).

Les dépôts exploitables de ces corps résultent de concentration qui se sont faites suivant des modes très variés ; ils ont subi après leur formation des remises en mouvement, des transformations mécaniques et chimiques, de sorte que les explications d'un gisement donné sont toujours hypothétiques. Parmi les explications que l'on peut envisager, on peut imaginer que le fer, disséminé dans les roches, a d'abord été dissous par les eaux et concentré dans des filons ; certaines roches d'origine éruptive (diorites et diabases) présentent déjà d'elles-mêmes une richesse notable en fer. L'érosion très active après l'émersion des continents, aurait détruit ces filons et en aurait concentré le fer mécaniquement et chimiquement dans les mers où ils auraient formé les dépôts sédimentaires : les eaux ferrugineuses auraient pu, par exemple, se précipiter autour des matières organiques, réagissant par le carbonate d'ammoniaque, dégagé dans leur décomposition, et former ainsi des oolithes d'oxyde de fer ; ou bien les eaux ferrugineuses, se trouvant en contact avec un calcaire, oolithique ou non, auraient pu réagir sur lui et substituer le fer au calcium ; le carbonate de fer ainsi formé, aurait subi ultérieurement les actions oxydantes des eaux d'infiltration et se serait transformé au dessus du niveau hydrostatique en hématites et en limonites ; ou bien, les eaux ferrugineuses circulant dans un sédiment perméable déjà formé auraient pu y déposer des sulfures de fer (dans les schistes) ou y former du carbonate de fer (dans les calcaires), ces substances s'oxydant ensuite superficiellement pour donner des hématites et des limonites.

II

Age et origine des minerais de fer sédimentaires de l'Ouest

Ces explications font comprendre que les dépôts sédimentaires de minerai de fer se sont formés principalement après les grands plissements, à la suite desquels l'érosion intense a fourni, aux dépends des nouveaux continents, les matières premières nécessaires aux concentrations. Dans l'ouest de la France, nous rencontrons en effet le minerai de fer au début de la période silurienne, principalement dans l'étage du grès armoricain, en relation avec la destruction de la chaîne huronienne, puis au début de la période dévonienne, en relation avec la destruction de la chaîne calédonienne.

*
* *

Dans son traité de géologie, de Lapparent dit qu'il y a lieu de penser que le fer est venu à l'état de sulfure avec une roche éruptive basique (diabase) et que les émanations en approchant de la surface se sont oxydées en se répandant au milieu d'assises sédimentaires, particulièrement favorables à leur infusion.

M. Lacroix rattache l'origine de nos minerais de fer à la formation d'oolithes. Ces oolithes sont constituées, dit-il, par des couches concentriques de limonite et de berthiérine verte, semblables à des grains d'amidon. Les oolithes sont de la grosseur d'un grain de millet et comprennent un noyau ayant servi de base d'attraction et qui est constitué, soit par du quartz, soit par un corps organique quelconque. Les oolithes sont réunies entre elles par un ciment de la même substance que celle des oolithes. L'origine de ces oolithes s'expliquerait, si l'on tient compte de [illegible] des oolithes, par voie de sédimentation grâce à la précipitation dans les eaux de la mer de sels solubles de fer venant de terre ferme.

M. Cayeux a étudié au microscope les différentes variétés de minerais pour en déterminer la nature, l'origine et les transformations successives. Les principales conclusions de ses études sont les suivantes :

Les minerais paléozoïques de l'ouest de la France sont d'origine oolithique, leurs éléments clastiques et organiques ne sont pas [illegible]. La structure oolithique [illegible], on y trouve le noyau et les [illegible] concentriques des oolithes, [illegible] à peine per-

ceptible et leur anéantissement à grande échelle, aboutissant à la genèse de minerais non oolithiques. Les minerais siluriens sont plus oolithiques que les minerais dévoniens ; ceux-ci sont partiellement ou totalement d'origine organique.

Le ciment qui réunit les oolithes a le plus souvent la même composition que ceux-ci.

Le fer se trouve sous les formes de sidérose qui, cristallisant dans le ciment, a généralement respecté la forme oolithique, mais a transformé les organismes ; de chlorite (bavalite et variétés) ; d'hématite rouge qui semble dériver de la sidérose et de la chlorite par oxydation ; de magnétite, dont le développement semble lié à des phénomènes de métamorphisme et qui, cristallisant dans les oolithes et dans le ciment, fait disparaître la structure oolithique ; de limonite et de pyrite de fer dus à des agents agissant au voisinage de la surface.

Les minéraux détritiques sont le quartz et le calcaire. On trouve quelques fossiles et une algue microscopique, la Girvanella, que M. Cayeux a décrit en détail. Une grande partie de la silice est secondaire, la silice a imprégné peu à peu la sidérose qui constituait les grains d'oolithes et cette substitution est d'autant plus avancée que l'échantillon est plus voisin du sol. Il est donc probable qu'à une certaine profondeur le minerai doit être moins siliceux et par suite plus riche, mais cette conclusion n'est pas valable pour les minerais ayant subi des actions métamorphiques, révélées par la présence de la magnétite, dans ceux où le quartz peut s'être développé par le métamorphisme.

Le carbonate de chaux est disséminé dans tout le terrain minéralisé ; la proportion de chaux est indépendante de la profondeur de l'échantillon étudié, elle n'a donc pas été fixée sous l'empire des conditions actuelles du gisement ; elle paraît fonction de l'âge relatif des minerais ; elle est en effet beaucoup plus accusée dans les minerais dévoniens que dans les minerais siluriens. Il est probable que l'origine tout était calcaire : oolithes, ciment et organismes.

M. Cayeux a constaté en effet que [illegible]

de la transformation de l'oolithe calcaire en siderose, puis en bavalite, puis en hématite rouge. De même, des organismes fossiles, que l'on sait primitivement calcaires, sont transformés en fer carbonaté, qui a pu évoluer jusqu'à devenir de l'hématite.

De ces faits, M. Cayeux, conclut que les oolithes des minerais actuels étaient primitivement calcaires.

Les minerais de fer renferment tous de l'acide phosphorique dans une proportion qui n'est jamais négligeable. Une partie est à l'état de phosphate de chaux, mais celui-ci étant très rarement visible, M. Cayeux pense qu'une certaine quantité d'acide phosphorique se dissimule dans les minerais sous une forme autre que le phosphate de chaux en grains.

Le morcellement d'un petit nombre d'oolithes, la répartition du quartz clastique et la concentration des grains de sidérose qui accusent un triage des éléments, la préparation mécanique qui rassemble les oolithes et les élimine de grandes plages réservées au ciment, la diversité d'orientation des corps oolithiques, qui sont loin d'être toujours posés à plat quand ils sont de forme lenticulaire, enfin la fragmentation des restes organiques tels que Bryozoaires, Brachyopodes, etc..., prouvent que le milieu favorable aux oolithes était particulièrement troublé.

Nous avons déjà dit qu'à l'époque silurienne un continent devait exister à l'occident.

Les conditions favorables à la genèse des dépôts qui sont devenus avec le temps les dépôts que nous connaissons n'ont été réalisées qu'à une grande distance de la terre ferme. A cet égard, les minerais siluriens se comportent comme les calcaires cambriens, les uns et les autres se développent en fonction de l'éloignement des rivages. Il est donc à présumer que les minerais de fer deviennent de moins en moins abondants de l'Est à l'Ouest, et que les minerais du Finistère et du Morbihan doivent être plus riches en matériaux détritiques que les minerais orientaux.

M. Cayeux pense que les couches de siderose doivent se continuer vers l'Est au dessous des terrains secondaires du bassin parisien et même qu'elles augmentent de puissance.

III

Ancienneté de l'exploitation de fer

Dès l'époque gauloise, le fer était exploité, ainsi qu'en témoignent des galeries retrouvées dans le sol de la forêt du Gâvre et à la minière de Rougé notamment, et les nombreux amas d'anciennes scories que l'on trouve un peu partout, accompagnées de nombreuses briques à rebords caractéristique.

Ces scories très anciennes sont riches en fer et constituent à l'époque actuelle un véritable minerai de fer ; aussi devons nous en parler un peu, en résumant les travaux de M. le colonel Azéma, qui les a étudiées.

Leur couleur est noir brunâtre avec léger reflet métallique, leur surface irrégulière est parsemée de bourrelets sinueux et cordés offrant l'image d'une coulée visqueuse consolidée ; leur cassure est brillante et d'un noir métallique à l'état de fraîcheur, terne et brune, au contraire lorsqu'elle est ancienne ; leur masse est percée d'un grand nombre de cavités vacuolaires, dues à l'action des gaz pendant la fusion et analogues à celles des pierres ponces. La poussière des scories donne des particules de magnétite attirables au barreau aimanté. Densité : 4 ; dureté 7.5. L'attaque de ces matériaux se fait facilement à chaud par l'acide chlorhydrique et donne de la silice gélatineuse.

Examinées en plaques minces au microscope, les scories anciennes sont essentiellement constituées par des cristaux de fayalite ($Si\ O^4 Fe$) et de magnétite ($Fe^3 O^4$) avec un verre brun plus ou moins abondant. La proportion de la fayalite est en moyenne de 42 % et celle de la magnétite de 32 %.

Voici quelques analyses de scories, recueillies dans le Finistère :

	Laude-venec	Créach Cornel	Locmé-lard	Landi-visiau
	—	—	—	—
Acide sulfurique	traces	0 21	0 12	0 12
Acide phosphorique	1 38	2 03	2 06	2 04
Silice	26 62	23.76	19 79	23 15
Alumine	5 18	10 08	2 74	7 94
Sesqui oxyde de fer	20 36	8 84	13 10	26 14
Protoxyde de fer	44 17	51 63	55 04	38 70
Sesqui oxyde de Manganese	»	1 53	0 57	»
Chaux	1 24	0 74	0 57	0 69
Magnésie	0 81	2 11	0 71	0 29
Chlorure de sodium	0 10	»	»	»
Eau	0 10	0 17	0 20	0 93
Total	99 96	100 10	99 90	100 »

Les scories anciennes sont toutes analogues entre elles ; elles ressemblent aussi aux scories provenant des peuplades du centre de l'Afrique.

A cette époque reculée, on traitait le minerai par des méthodes analogues à la méthode Catalane, universellement employée il y a moins de cent ans. Le fer était obtenu en traitant par le charbon de bois les oxydes naturels du fer. La réduction s'opérait dans des cavités pratiquées dans le sol et l'air nécessaire à la combustion était lancé au centre du foyer à l'aide d'une tuyère souterraine. Quant aux impuretés du fer, elles étaient expulsées sous forme de scories silicatées que l'on retrouve sur place. Les anciens, en traitant le minerai par le charbon ne faisaient pas usage de fondants ; aussi les scories étaient elles très ferrugineuses, au détriment du rendement en fer pur. (Dans la métallurgie moderne, au contraire, on introduit dans les hauts fourneaux des produits riches en chaux, par exemple, si le minerai est siliceux, afin de le débarrasser de la silice sous forme de scories très calcaires et éviter la production de scories riches en fer.) Après extraction des scories, le bloc de fer était retiré du foyer et battu au marteau pour souder les grains non fondus qui le constituaient et pour assurer ainsi sa cohésion. Pendant le traitement du minerai, la sole du foyer se recouvrait de fer, bientôt empâté dans les silicates fondus ; il se constituait ainsi une sorte de culot qui s'épaississait au fur et à mesure des fabrications successives.

Nous signalerons, ultérieurement, les emplacements connus des forges gauloises ou gallo-romaines.

Au moyen âge, l'industrie métallurgique a dû se continuer; de nombreux fragments de poteries caractéristiques des temps mérovingiens, rencontrés dans les scories, en sont la preuve incontestable. Et, depuis ces temps reculés jusqu'à nos jours, les preuves de la continuité des travaux métallurgiques se retrouvent dans les archives, comme dans les débris laissés en une foule de points.

En 1831, Fournel, dans " Indication des points de la France où l'on extrait du fer hydraté et statistique des hauts fourneaux que ce minerai alimente », donne la liste de toutes les exploitations de minerai de fer et de tous les hauts-fourneaux qu'il connait en France.

A la surface des terrains paléozoïques de l'Ouest, il cite 48 hauts fourneaux, ce qui prouve qu'à cette époque, la fabrication de la fonte était très active et, par conséquent, les exploitations du minerai très nombreuses. Il y en avait dans tous les départements de la Normandie, de la Bretagne et de l'Anjou. Les exploitations de cette époque étaient superficielles ; celles où l'on se servait de galeries souterraines étaient fort rares, et celles-ci n'étaient guère profondes; on cite exceptionnellement la mine de la Ferrière-aux-Etangs (Orne). On croyait généralement que le minerai ne descendait jamais profondément.

La première concession a été décrétée le 8 février 1865, pour le gisement de Diélette (Manche). Mais ce n'est qu'à partir de 1874 que les demandes en concession se multiplient.

De 1874 à nos jours. on en a donné 9 en Maine-et-Loire, 3 dans la Manche, 16 dans le Calvados, 4 dans l'Orne et on en a refusé 2 dans le Finistère, 1 dans le Morbihan, 1 en Vendée, 2 dans la Manché, 4 dans le Calvados et 1 dans l'Orne.

Actuellement, l'activité des chercheurs est des plus grandes ; un grand nombre de concessions sont demandées, ou vont l'être. Le minerai de fer de l'Ouest est tout à fait à l'ordre du jour.

Nous allons maintenant passer en revue les différents gisements de minerai de fer de l'Ouest et tâcher de dire ce que l'on sait actuellement sur eux, ce qui reste à y chercher, ce qu'on peut espérer de leur avenir.

Ces gisements se répartissent naturellement suivant les grands plissements, les grandes fosses que nous avons énumérées dans le premier article. Nous les passerons successivement en revue, en commençant par les gisements de Normandie, se rattachant à la fosse bocaine, la plus au Nord ; ce sont actuellement les mieux connus et les plus exploités, et leur étude ne peut que faciliter l'étude des gisements plus méridionaux.

CHAPITRE II

LE MINERAI DE FER NORMAND

I

Aperçu Général Production

Le « bassin » ferrifère de Normandie, s'étendant sur les départements du Calvados, de la Manche et de l'Orne, a pris, en ces dernières années, une importance considérable : aux minières qui, jusqu'en 1850, ont alimenté les hauts fourneaux aujourd'hui éteints de Normandie, et où le minerai en poches dans des terrains d'âges divers paraissait être le remaniement de lambeaux de couches détachées par l'érosion, ont succédé les mines proprement dites, attaquant les couches en place par puits ou travers bancs.

Le gisement de fer de Normandie est maintenant bien connu, il a fait notamment l'objet des travaux de M. l'Ingénieur en Chef des Mines Lecornu ; de M. Bigot, professeur à la Faculté des Sciences de Caen ; de MM. les Ingénieurs des Mines Heurteau et Nicou, à qui nous empruntons la plupart des renseignements qui vont suivre.

La première concession accordée dans le Calvados, celle de Saint-Rémy, date de 1875, celle de Saint-André vient seulement ensuite en 1893 ; les autres, celles de Maltot, Bully, May, Gouvix, Urville, Estrées-la-Campagne, Barbery, Soumont, Perrières, Jurques, Ondefontaine, Montpinçon, s'échelonnent de 1895 à 1909, portant au total à 14 le nombre des concessions instituées dans le département. L'extraction y commença en 1875, avec 33.704 tonnes, fut suspendue de 1876 à 1879, et donna de 1875 à 1909 4.321.460 tonnes, puis en 1910, 240.000, et en 1911, 265.410 tonnes, presque exclusivement en hématite.

Dans l'Orne, la concession la plus ancienne, celle d'Halouze, ne remonte qu'à 1884 et les trois autres, la Ferrière-aux-Etangs, Larchamp et Mont-en-Gérôme, sont de 1901 et 1903. Le département n'a commencé à produire sérieusement que dans ces dernières années : de 1899 à 1909, il a donné un total de 608.670 tonnes, puis en 1910, 240.148 tonnes, et en 1911, 343.083 tonnes. Cette production est formée d'hématite ou carbonate grillé avec, accessoirement, une petite quantité de minerai cru qui était extrait avant la construction des fours de calcination.

Dans la Manche, les concessions de Mortain et Bourberouge datent de 1902 ; mais au Nord du département, existe à Diélette, une formation ferrifère paraissant différente de celle rencontrée normalement en Normandie, où une concession instituée en 1865 a été longtemps activement exploitée et est l'objet actuellement d'une remise en valeur. De 1870 à 1909, le département a produit en minerais de ces diverses provenances 217.570 tonnes, puis en 1910, 10.500 tonnes, et en 1911, 10.525 tonnes.

La production des 3 départements a été ainsi :

De 2.913.400 tonnes de 1870 à 1904.

De 1.234.300 tonnes de 1905 à 1909.

De 498.648 tonnes en 1910.

De 619.019 tonnes en 1911.

Le tableau ci-après résume l'état des concessions et leur production en 1911.

NOMS DES DÉPARTEMENTS et DES CONCESSIONS	PRODUCTION en 1911	SUPERFICIE des CONCESSIONS	DATES DES ACTES INSTITUTIFS	NOMS DES PROPRIÉTAIRES (P.) et DES EXPLOITANTS (E.) quand la mine est amodiée
	tonnes	hectares		
CALVADOS				
Barbery	»	325	16 août 1900	P. Adrien (Louis) ; E. Société des mines de Barbery.
Bully	»	402	5 mars 1896	P. L. Larue ; E. Société civile des Mines de Saint-André.
Estrées-la-Campagne	»	780	29 août 1904	P. Société d'études minières de la Basse-Normandie.
Gouvix	»	329	4 mars 1896	P. Gérard de Sainte-Aldegonde, Pelpel, Chollet et Samson ; E. Société des Mines et forges de Normandie.
Jurques	36.570	365	26 novembre 1895	P. Drouet ; E. De Poorter.
Maltot	»	430	3 juin 1903	P. L. Larue ; E. Société civile des mines de fer de Maltot.
May	53.975	839	5 mars 1895 23 juillet 1907	P. Samson et Chollet ; P. Adrien (Louis) ; E. Société française de recherches et d'exploitations.
Montpinçon	»	605	28 mars 1902	P. Morin, du Pontavice, Mme de la Mariouse ; E. Société des mines et forges de Normandie.
Ondefontaine	»	559	22 juillet 1902	P. Mme de Grouchy.
Perrières	»	1.460	9 août 1901	P. Société minière et métallurgique du Calvados.
Saint-André	32.645	389	1er septembre 1893 23 juillet 1907	P. L. Larue ; E. Société civile des mines de fer de Saint-André.
Saint-Rémy	106.578	750	28 septembre 1875	P. Henry Gréard ; E. Société civile des mines de fer de Saint-Rémy.
Soumont	35.643	773	13 décembre 1902	P. Société des mines de Soumont.
Urville	»	225	4 mars 1896	P. Schmit.
MANCHE				
Bourberouge	10.525	1.322	6 janvier 1902	P. De Failly ; E. De Poorter.
Diélette	»	345	8 février 1865 31 janvier 1883	P. Société des mines et carrières de Flamanville.
Mortain	»	1.250	6 janvier 1902	P. Mège et Angée ; E. Jos. de Poorter.
ORNE				
Halouze	133.983	1.210	8 avril 1884	P. Société anonyme des Aciéries de France.
Ferrière-aux-Étangs (La)	111.506	1.605	21 Février 1901	P. Société anonyme des hauts fourneaux, forges et aciéries de Denain et Anzin.
Larchamp	97.594	440	10 avril 1903	P. Société des mines de Larchamp.
Mont-en-Gérôme (Le)	»	1.490	4 août 1903	P. Société des mines et forges de Normandie.

Outre les concessions énumérées ci-dessus, onze sont actuellement en instance devant l'administration.

II

Description du Gisement

La couche de minerai de fer exploitée dans le Calvados, l'Orne et la Manche se trouve à un niveau géologique bien défini, dans le système silurien, au milieu de l'étage ordovicien. Sa place est dans les schistes à Calymènes ou schistes d'Angers, soit à 40 mètres au-dessus de leur base, soit à leur base, même au contact du grès armoricain. Le cambrien et le silurien sont en général orientés en Basse-Normandie suivant des bandes parallèles dirigées à peu près N. 115° E dans le Calvados et l'Orne, et se rapprochant de la direction Est-Ouest dans la Manche. Ils forment des synclinaux plus ou moins réguliers, plus ou moins complets, qui sont masqués à Est du côté du bassin parisien, par un recouvrement jurassique sous lequel ils plongent légèrement tandis qu'à l'Ouest, ils apparaissent au contact des phyllades précambriens ou au contact des massifs éruptifs. La coupe idéale des terrains anciens est, dans cette région, la suivante :

Devonien inférieur.

Silurien	Gothlandien :	Schistes ampéliteux.
	Ordovicien	Grès de May.
		Schistes à Calymènes.
		Minerai de fer.
		Grès armoricain.
Cambrien		Schistes verts ou rouges et grès pourprès.
		Poudingue pourpré avec marbre.
Précambrien		Phyllades de Saint-Lô.

La série perd souvent d'un synclinal à l'autre certains de ses termes inférieurs ou supérieurs. La formation de ces plis parallèles a dû se faire en effet dans les conditions suivantes : sur le précambrien déjà affecté par des plissements, le cambrien et le silurien se sont déposés en discordance, le silurien souvent en transgression sur le cambrien. Plus tard, les plis hercyniens ont formé le faisceau des synclinaux actuels qui s'étend à travers la Normandie et la Bretagne Des failles d'étirement ont alors plus ou moins réduit certaines couches sur les flancs des synclinaux et, par places, les ont éliminées complètement ; des failles de tassement postérieures ont achevé leur dislocation et les ont placées dans la position définitive où l'érosion a détruit les plus saillantes. Il en résulte que la coupe idéale donnée plus haut est le plus souvent incomplète.

Si l'épaisseur et le faciès des couches sont à peu près constants le long d'un bord de synclinal il n'en est pas ainsi d'un synclinal à l'autre et, même d'un bord à l'autre d'un même synclinal. Ces plis étant actuellement trop rapprochés pour que ces différences dans le faciès d'une couche donnée puissent être expliquées par les différences des profondeurs originelles, il est naturel de supposer avec M. Barrois que les couches de ces plis voisins avaient été déposées dans des régions très éloignées les unes des autres et qu'elles ont été rapprochées lors de la formation des plis par des phénomènes de poussée et de dislocation très importants.

La couche de minerai de fer se présente à l'état, tantôt d'hématite, tantôt de carbonate lithoïde, tantôt d'un mélange des deux. En règle générale, les parties les plus profondes du gisement sont carbonatées, l'hématite ne se trouvant qu'au voisinage des affleurements. Il semble bien qu'à l'origine tout le dépôt ait du se faire à l'état de carbonate ; l'oxydation aura été favorisée par la circulation des eaux superficielles, et la limite de cette action doit se trouver à un niveau hydrostatique ; mais c'est aux niveaux hydrostatiques anciens qu'il faudrait se reporter, s'il était possible, pour la déterminer ; le niveau actuel ne donne pas d'indication précise à ce sujet.

Le minerai de fer ordovicien a été trouvé et est exploité le long de quatre synclinaux qui sont du Nord au Sud :

Le synclinal de Saint-André-et-May-sur-Orne ;

Le synclinal de Barbery à Perrières par la Brèche au Diable ;

Le synclinal de Jurques, Saint-Remy, Falaise (n° 4 de l'introduction) ;

Le synclinal de Mortain, Domfront, Bagnoles, forêt de la Motte, qui envoie une branche importante au Nord sur la Ferrière aux étangs, Halouze (n° 6 de l'introduction).

La structure propre à chacun d'eux a été précisée petit à petit par les travaux mêmes de recherche et d'exploitation du minerai de fer.

1° Synclinal de May et Saint-André

Ce synclinal est plutôt un isosynclinal dont le bord Nord a été coupé par une faille qui a fait disparaître de ce côté les terrains cambriens ; les couches qui y subsistent sont d'ailleurs moins épaisses que sur le flanc Sud. Les affleurements anciens se remarquent sur les deux rives de l'Orne qui les traversent de part en part. Sur la rive gauche, il s'est produit des cassures et des ploiements qui brouillent le pli et l'arrêtent ; sur la rive droite le gisement est plus régulier, il plonge assez vite sous le recouvrement jurassique.

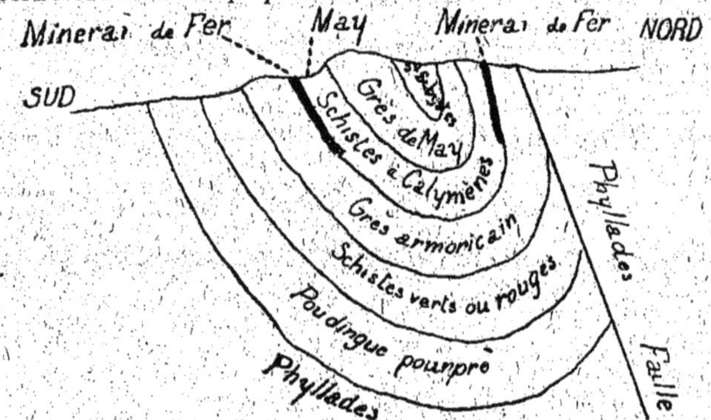

La couche de minerai de fer est là à la base même des schistes à Calymènes. Sur le bord Sud, elle a été suivie en direction sur plus de 3.000 mètres à droite de l'Orne et dans la *concession de May* où, sur une épaisseur minéralisée de six mètres, deux mètres au mur sont seulement exploitables à cause d'une proportion convenable de silice.

Cette dernière envahit d'ailleurs en certains points la zone exploitable de ces deux mètres, de sorte qu'on a dans celle-ci des parties utilisables séparées par des zones siliceuses et formant des lentilles aplaties de bon minerai ; le pendage est de 45 à 50° et jusqu'ici à 90 mètres au dessous des affleurements, on n'a que de l'hématite ; on travaille par piliers abandonnés ou par remblais suivant la nature des toits, avec sortie par puits intérieurs et travers-bancs : on a extrait en 1908, 62.000 tonnes ; en 1909, 59.970 tonnes ; en 1910 46.840 tonnes et en 1911, 53.975 tonnes.

La couche de May existe d'ailleurs au-delà des travaux actuels de May débouchant dans la vallée de l'Orne, tant vers l'Est où des sondages plus ou moins profonds l'ont suivie jusque près de la ligne de Caen au Mans, vers Saint-Aignan et Billy, qu'à l'Ouest où, dans la *concession de Bully*, on retrouve une épaisseur de 4 m. 50 de minerai carbonaté encore peu reconnu et paraissant plutôt pauvre.

Le flanc Nord du même synclinal présente, à droite de l'Orne, dans la *concession de Saint-André*, une formation minéralisée sur 5 à 6 mètres, presque verticale, avec 2 m. 50 à 3 mètres utilisables en hématite, prise comme à May, et avec parties reconnues sur 40 mètres de hauteur et 1.800 mètres de largeur à l'heure actuelle ; un passage partiel au carbonate se note en profondeur ; l'extraction, encore toute en hématite est arrivée à 27.757 tonnes en 1908, 26.586 en 1909, 32.065 en 1910, 32.645 en 1911.

La couche se poursuit vers l'Ouest, dans la *concession de Maltot* où elle est verticale également et hématisée à l'affleurement, qui a été seul reconnu.

Les produits des deux mines de May et Saint-André sont expédiés par la ligne de Caen à Flers.

Des *recherches* ont été effectuées sur le prolongement vers l'Est du synclinal, notamment par M. Pouettre, dont les sondages ont recoupé la couche ; 3 demandes concurrentes en concession sont en instance.

2° **Synclinal de Perrières à Barbery**

Ce synclinal diffère du précédent en ce que sa coupe est normale, sans faille sur les versants Nord ou Sud et qu'il se termine régulièrement à l'Est par une courbe plus ou moins continue qui raccorde ses deux bords. A l'Ouest, au contraire, il s'enfonce sous les argiles à silex de la forêt de Cinglais et on ne sait ce qu'il devient jusqu'à sa butée contre les phyllades.

Sa largeur qui est régulièrement de 3.500 mètres vers l'Ouest, diminue brusquement à 1.600 mètres dans la concession orientale de Perrières où il semble se fermer. La formation minéralisée superficielle a 5 à 6 mètres de puissance et a été bien suivie, tant sur le bord Nord, par des galeries à Gouvix et à Urville de part et d'autre de la Laize, par des sondages à Estrées-la-Campagne et par des fouilles dans la concession de Perrières, au passage du Laizon et à l'extrémité Est du synclinal, que sur le bord Sud, par des galeries à la Brèche-au-Diable, près de Soumont, de part et d'autre du Laizon, par des puits et des galeries à Barbery, de part et d'autre de la Laize.

Tous ces travaux ont donné des résultats concordants ; la couche se trouve dans les schistes à calymènes, à 40 ou 50 mètres au-dessus du grès armoricain ; la puissance minéralisée est de 5 à 6 m., mais la teneur en fer et la nature du minerai sont très irrégulières. Les parties hématisées exploitables se trouvent au mur de la couche ; leur puissance dépasse rarement 2 mètres ; elle se tient aux environs de 1 mètre 50 ; l'hématite ne se rencontre pas d'ailleurs d'une façon bien suivie ; souvent elle disparaît pour faire place au grès ou à l'argile, on ne l'a trouvée que sur la tête de la couche, au-dessous du recouvrement jurassique ; 20 mètres plus bas, elle semble remplacée par du carbonate ; en plusieurs points, le carbonate monte même jusqu'au jurassique. On a donc une cuvette de carbonate dont les bords sont irrégulièrement hématisés et présentent une hématite généralement un peu terreuse.

Le pendage de la couche sur les deux bords est en moyenne de 50°.

Les seules concessions un peu connues pour le moment dans ce synclinal sont celles de Perrières, à l'extrémité Est du synclinal, englobant les deux bords de ce synclinal, puis vers l'Ouest celle de Soumont et ensuite celle de Barbery, situées sur le bord Sud du synclinal.

Les autres concessions, situées sur le bord Nord du synclinal, sont de l'Est à l'Ouest, celles de Estrées-la-Campagne, Urville et Gouvix ; il n'y a encore été fait que des travaux de recherches.

Les travaux actuellement effectués depuis la reprise en 1907 de la *concession de Soumont* par la Société des Mines du même nom sont surtout des travaux de préparation et de reconnaissance. Ceux de préparation consistent en deux descenderies à peu près au centre de la concession d'une longueur de 150 mètres environ avec trois étages à 41, 60 et 96 mètres de profondeur verticale. Les niveaux supérieurs sont en hématite, les inférieurs sont en carbonate. Des galeries d'allongement sur plus de 3 kilomètres ont en particulier, permis de reconnaître dans les zones carbonatées que la couche inclinée entre 45 et 50°, se présente en deux bancs séparés par 1 m. 20 de schistes, le banc le moins puissant au mur ne correspondant qu'à du carbonate trop pauvre pour être économiquement exploité, l'autre mesurant 5 m. 80 d'épaisseur normale sur laquelle 4 m. 80 donnent après grillage un produit à 46 o/o de fer.

Les reconnaissances ont consisté en une série de sondages dans la concession ou au dehors, sondages plus ou moins profonds et sur lesquels cinq sont à signaler.

Deux sont entre les concessions d'Estrées et de Perrières : l'un fut arrêté à 202 mètres sans avoir pu encore recouper la couche.

L'autre traversa à 240 mètres une zone carbonatée de 5 m. 50 sur lesquels 1 m. 75 donnait du grillé à 50 o/o de fer. Les troisième et quatrième, effectués au Nord de la concession de Soumont, au Quesnoy et à Ouilly-le-Tesson ont été suspendus aux profondeurs de 429 mètres et 434 mètres dans les grès de May, sans avoir pu atteindre la couche, par suite des difficultés énormes d'avancement dans les grès de May.

Le cinquième, dans la concession de Soumont même et plus près des affleurements, poussé à 409 m. 78 a recoupé la formation ferrugineuse dans des conditions qui confirmèrent les travaux de préparation en profondeur.

La concession de Soumont doit être mise prochainement en œuvre sur une vaste échelle, et on compte arriver à extraire par an 2 millions de tonnes brutes, qui, après calcination, seront exportées en grande partie ou consommées dans les hauts fourneaux projetés à Caen. La ligne actuelle à voie étroite de Caen à Falaise, qui passe près de Soumont, ne pouvant suffire à un pareil trafic, la Société projette un chemin de fer à voie normale de 34 km 7, reliant ses centres d'extraction à Caen. Outre les deux descendries précédemment indiquées, deux sièges, composés chacun d'un grand puits et d'un puits secondaire, vont être établis dans les extrémités Est et Ouest de la concession.

La mine a donné 7.948 tonnes d'hématite en 1908, 24.934 en 1909, 28.645 en 1910, 35.643 en 1911, expédiées par le tramway de Falaise à Caen.

Dans la *concession* voisine de *Perrières*, la Société minière et métallurgique du Calvados a effectué des sondages de reconnaissance qui ont permis de suivre une formation, inclinée entre 45 ou 50°, comme à Soumont, sur le flanc Sud du synclinal, avec pourtant un certain brouillage près de sa partie terminale à l'est, tandis qu'au nord, le pendage des assises s'est fortement accru en profondeur et a tendu vers la verticale, ce qui a empêché les sondages, primitivement prévus pour faible profondeur, de rencontrer la couche aux profondeurs escomptées.

Dans la *concession* de *Barbery*, un puits a été creusé au toit de la couche, à 50 mètres de profondeur ; une galerie et des montages ont, à partir de là, reconnu la formation (hématite et carbonate en profondeur) ; pendant un certain temps, on travailla par piliers abandonnés ou remblais complets, mais des venues d'eaux considérables arrêtèrent les travaux en 1907 (extraction en 1906, 24.500 tonnes ; en 1907, 8.968) ; la couche utilisable est d'ailleurs très irrégulière comme puissance et pureté.

3° Synclinal de Falaise, Saint-Rémy et Jurques

Le troisième synclinal forme un ensemble plus complexe que les deux premiers.

D'abord ce pli est double, en forme de W à angles adoucis ; puis les arêtes des deux synclinaux et de l'anticlinal intermédiaire qui le composent ne sont pas horizontales, mais plongent vers l'ouest ou vers l'est ; enfin à l'ouest, en sortant du Calvados, les deux synclinaux élémentaires bifurquent et s'infléchissent dans la direction Est-Ouest. Les couches ne sont pas très constantes d'aspect en direction, les schistes à calymènes ne sont plus reconnaissables par endroits et on ne trouve pas partout la couche de minerai à la place où on pourrait s'attendre à la rencontrer.

Des oscillations des arêtes des synclinaux et du jeu de nombreuses failles longitudinales et transversales, il est résulté pour les couches siluriennes, un sectionnement du bassin en îlots isolés. A Falaise même, à l'Est, se trouve le premier de ces îlots, de forme irrégulière dont la pointe terminale orientale dessine trois langues. Il y a là, au-dessus du grès armoricain, une couche rougeâtre, représentant le minerai de fer, trop pauvre pour être exploitée.

Un bombement des arêtes synclinales fait reparaître, à l'ouest de cet îlot, les phyllades précambriens ; la continuité de la formation cambrienne n'est attestée que par une bande de poudingue qui subsiste seule au bord Sud et relie l'îlot de Falaise à celui beaucoup plus étendu de la région bocaine. On n'y retrouve les couches siluriennes que par petites cuvettes isolées.

La première est celle de Saint-Rémy ; elle plonge vers l'Ouest où elle est limitée par une faille ; sa coupe Nord Sud est en W. La couche de minerai de fer se trouve au contact des grès armoricain et des schistes à calymènes. Elle est entièrement hématisée, et sa richesse qui est la plus forte de toute la région (52 o/o de fer) est très constante. Sa puissance est éga-

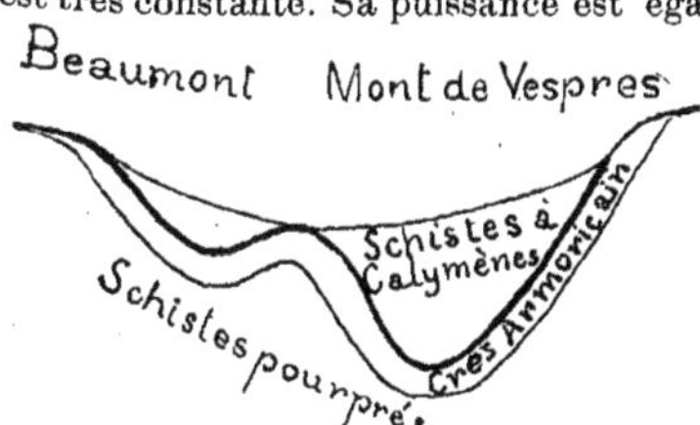

lement régulière et varie de 2 m. 50 à 2 m. 70.

Une série de petits accidents parallèles à la direction, débite les flancs du synclinal en lambeaux assez peu larges qui sont inclinés de 40° à 70°.

A l'Ouest de la cuvette de Saint-Rémy on retrouve le grès armoricain, d'abord sans les termes supérieurs et par conséquent sans minerai, puis accompagné des schistes et du grès de May au Montpinçon point culminant de la région bocaine. La couche de minerai de fer y a été retrouvée, mais son allure est très irrégulière; de nombreux accidents, failles et torsions, semblent avoir disloqué les couches en ce point.

Les travaux de recherches du Montpinçon ne sont pas parvenus à déterminer s'il existe là un gisement régulier et où il se trouve. La couche de minerai de fer suivie sur quelques mètres, puis perdue et quelquefois retrouvée, est hématisée ; sa puissance a varié de quelques centimètres à 1 m.50.

Une faille isole ce lambeau silurien de l'afleurement d'Ondefontaine. Les bancs pendent au Nord. La couche de minerai, retrouvée par une série de fouilles, présente une puissance de 0 m. 50 à 1 m. 50, avec un pendage général de 35° à 45° au Nord, qui s'élève à 80° à l'extrémité Ouest de cette ligne ; elle est formée d'un mélange d'hématite et de carbonate.

Plus loin et toujours sur le même alignement N. 115° E., le grès armoricain se retrouve dans le pli de Jurques où il est surmonté par le grès de May avec intercalation d'une zone noirâtre qui doit représenter les schistes d'Angers. Les couches dessinent très nettement la terminaison Ouest du synclinal. La couche de minerai de fer est en place, au-dessus du grès armoricain. Elle a été bien reconnue sur le flanc Sud par des descenderies et travers-bancs de recherches; l'épaisseur y varie de 0 m. 90 a 1 m. 20, et le pendage est de 55° à 68° vers le Nord ; elle est constituée par du carbonate. Sur le flanc Nord, distant de 1 kilomètre environ, la couche a seulement été recoupé par les travaux de recherches.

Les îlots cambriens qui prolongent la ligne d'Ondefontaine à Jurques, ainsi que la deuxième branche qui bifurque à hauteur d'Ondefontaine, contiennent encore par place du grès armoricain, mais sans les couches supérieures ; la couche de minerai de fer n'y a pas été reconnue.

Sur les quatre concessions de Saint-Rémy, Montpinçon, Ondefontaine et Jurques, instituées sur ce synclinal, les seules activement exploitées sont celles de Saint-Rémy et Jurques.

Dans la *concession de Saint-Rémy*, datant de 1875, une exploitation régulière a été faite à partir de 1879 par travers-bancs ; l'extraction d'hématite, qui atteignait 40.000 tonnes en 1880, 95.000 en 1895, oscille depuis cette dernière date aux environs de 100.000 tonnes, 102.564 en 1906, 97.904 en 1907, 106.051 en 1908, 105.508 en 1909, 110.919 en 1910, 106.578 en 1911. C'est la mine la plus productive de Normandie à l'heure actuelle ; elle expédie ses produits par la ligne de Flers à Caen.

Dans la *concession de Jurques*, des travaux importants se produisent depuis 1908 ; une voie ferrée étroite, de 3 kilomètres de long, relie la mine à la gare de Jurques (ligne de Caen à Saint-Lô) ; un travers-banc de 449 mètres a recoupé la formation à 92 mètres au-dessous de la surface du sol; on y aurait 3 bancs carbonatés dans lesquels l'exploitation en grand se fera au niveau de 140 mètres et dont les minerais seront calcinés dans 4 fours. L'extraction a été de 2.750 tonnes de carbonate en 1909, 20.000 tonnes en 1910, 36.570 tonnes en 1911.

Des travaux de recherches récents, entrepris notamment par M. de Saint-Léger, ont découvert, à l'ouest de Jurques, le prolongement du minerai, mais avec un décalage en direction, faisant supposer l'existence d'une faille Nord-Sud. Deux demandes concurrentes en concession sont en instance : l'une émane de M. de Saint-Léger, et l'autre de MM. Hersent et Drouet.

4° Synclinal de Bagnoles et Mortain, et de la Ferrière et Halouze

Ce synclinal se sépare lui aussi en deux branches divergentes vers l'Ouest, aux environs de Mont-en-Gérôme.

Dans les deux branches, les couches cambriennes manquent ; le grès armoricain repose directement sur les phyllades ou le granite, surmonté par les schistes, le grès de May et aussi, par endroits, par les grès et schistes ampéleteux. Seuls, les bords Sud des deux plis sont connus ; des failles ont supprimé les bords Nord et font buter les grès de May ou le silurien supérieur contre le granite ou les phyllades. La couche de minerai se trouve, sauf quelques exceptions locales, au contact du grès armoricain.

Elle a été exploitée autrefois en plusieurs points ; son passage est jalonné par les lignes régulières des anciennes fouilles. Les travaux récents l'ont reconnue dans la branche de la Ferrière et Halouze, d'une extrémité à l'autre, et dans l'autre branche, aux environs de Mortain et de Bourberouge.

A Mont-en-Gérôme, le pendage est de 25 à 35° Nord-Est ; la couche croît de puissance du Sud-Est au Nord-Ouest, de 1m 20 à 2m 50. En approchant de la Ferrière-aux-Etangs l'épaisseur devient à peu près constante, réduite ou augmentée seulement par places par des bombements du mur et du toit ; le pendage s'accentue et est voisin de 45° ; la couche est entièrement carbonatée. Après le village de la Ferrière, l'affleurement silurien s'interrompt brusquement sur plus de 1 kilomètre, puis on retrouve deux lambeaux de grès armoricain, avec la couche de fer, qui est là, hématisée, à la Fonte et à la Bocagerie, des deux côtés de la rivière de la Varenne. L'affleurement régulier reprend dans la forêt d'Halouze, sur près de 4 kilomètres ; la couche de fer y est presque verticale, avec un pendage plutôt inverse vers le Sud-Ouest. Sa puissance dépasse 4 mètres ; elle est en partie hématisée, mais contient aussi du carbonate, surtout en profondeur. L'affleurement se termine dans le bois de Larchamp, où l'épaisseur de la couche redescend à 2m 50, tandis que son pendage régulier est de 45° vers le Nord-Est.

Dans la deuxième branche, au N. O. de Mortain et dans la forêt de Bourbourouge, on a reconnu par endroits une couche hématisée de 1 m. 50 à 2 mètres d'épaisseur avec des pendages de 30° à 50°.

Dans la partie Est du synclinal où il n'est pas séparé en deux branches, on n'a plus retrouvé exploitable la zone ferrugineuse précédente, mais on a trouvé au dessus d'elle, toujours dans les schistes à Calymènes et aux environs de Saint-Patrice-du-Désert, quatre autres couches d'une puissance totale de 10 mètres paraissant utilisables et composées de carbonate donnant 45 à 50 o/o de fer après grillage.

Sur la première branche occidentale se trouvent les concessions de Mont-en-Gérôme, la Ferrière aux Etangs, Halouze, Larchamp ; sur la deuxième, celles de Bourberonge et Mortain. Nous dirons encore quelques mots sur les concessions en activité.

Dans la *concession de la Ferrière*, la couche est tracée par travers bancs et galeries sur une hauteur verticale d'une centaine de mètres ; elle parait se poursuivre régulièrement sur 3 kilomètres en direction ; au fond, le pendage est d'environ 33°. On y extrait du carbonate qu'on grille (1908 : 75.200 tonnes ; 1909 : 78.250 tonnes ; 1910 : 90.400 tonnes ; 1911 : 111.506 tonnes).

Le lambeau isolé de la Fonte, hématisé parait peu riche et ne donne rien actuellement. La gare de SaintBomer sur la ligne de Caen à Flers et Laval assure les transports.

Dans la *concession de Halouze*, deux puits et une descenderie ont été creusés ; les puits ont environ 90 mètres de profondeur avec trois étages d'exploitation ; le pendage augmente en profondeur de 75 à 85° ; la descenderie située à la Bocagerie a reconnu sur 150 mètres environ suivant la pente, (0 m. 45 par mètre), la couche, hématisée en partie et de 2 mètres de puissance.

L'exploitation se fait par tranches horizontales montantes avec remblais complets ou par une méthode dérivée de la méthode suédoise du magasin. La production a été la suivante pendant ces dernières années :

	Hématite	Carbonate calciné
	—	—
1908........	48.910	48.902
1909........	30.768	77.704
1910........	21.441	87.511
1911........	28.403	105.589

Dans la *concession de Larchamp*, les travaux préparatoires d'aménagement ont commencé en 1906 ; l'exploitation se fait par un puits de 105 mètres qui atteindra 205 mètres de profondeur. Un câble aérien de 6 km. relie la mine à la station du Châtelier, sur la ligne de Caen à Laval, station qui dessert aussi Halouze par une voie électrique à trolley de 1500 m. entre les fours, la mine et la gare. L'extraction s'est accrue fortement :

1907 : 6484 tonnes ; 1908 : 10.441 tonnes ; 1909 : 10.177 tonnes ; 1910 : 84.206 tonnes ; 1911 : 97.594 tonnes.

Dans la *concession de Bourberouge*, on a exécuté de sérieux travaux de reconnaissance : (1908 : 1.550 t. ; 1909 : 8.197 t. ; 1910 : 10.500 t. ; 1911 : 10.525 t.) ; le minerai, hématisé sur 10 mètres de hauteur passe ensuite au carbonate ; sa puissance est de 2^m40 à 3^m50 ; l'hématite ne tient que 45 o/o de de fer, mais le carbonate cru à 40 o/o serait amené à 50 o/o par la calcination.

Une descenderie pour l'extraction est en préparation ; elle sera reliée au port sec des Landes de la ligne de Domfront à Avranches par une voie de 4 km. 500. Des fours de calcination seront installés.

Dans la *concession de Mortain*, une série de puits et de sondages ont trouvé une formation minéralisée analogue à celle de Bourberouge. On fore, à Cabremont, près la gare de Mortain-le-Neufbourg, un puits d'extraction de 100 mètres ; en cet endroit on aurait affaire à 3 horizons de carbonate d'une épaisseur totale de 10 mètres. Des fours de calcination seront installés.

Entre les concessions de Mortain et Bourberouge, des *recherches* ont été entreprises en 1910, notamment par la Société Française des Mines de fer et par MM. Mège et Mesnier. Du minerai de fer carbonaté y a été trouvé. Trois demandes en concession concurrentes sont en instance.

D'autre part, la mise en valeur des concessions de Larchamp d'Halouze et de la Ferrière aux Etangs a incité les explorateurs à vérifier si sur la longue bande de schistes à calymènes de plus de 40 km. de longueur qui affleure depuis Larchamp-pu-Domfront jusqu'à la forêt de la Monaye, ainsi que celle visible dans tout le massif de la forêt d'Ecouves, au voisinage de Sées il n'y avait pas d'autres régions où la couche reconnue était exploitable. Le fait semble d'autant plus admissible qu'on trouve de place en place traces d'anciennes exploitations superficielles et d'anciennes forges à Bagnoles, à l'Etang de Cossé, etc.

Les principaux groupes de recherches ont été exécutés entre Domfront et Bagnoles, par MM. Tirard et Lévy ; aux environs de Bagnoles, par M. Duterme, entre Bagnoles et Saint-Patrice-du-Désert, par MM. Tirard et Gontier ; aux environs de Saint-Patrice-du-Désert, par MM. Challemel et Pellier, entre Saint-Patrice-du-Désert et la forêt de la Monaye, par MM. Œhlert et Saminn, d'une part, MM. du Rozier et Guilet, d'autre part ; dans la forêt d'Ecouves et au voisinage de Sées, par M. Duterme.

La couche cherchée a été trouvée la plupart du temps, mais souvent inexploitable, soit à cause de l'insuffisance de puissance, soit à cause de l'élévation de la teneur en silice et de la diminution de celle en fer.

Les résultats les plus intéressants ont été obtenus dès 1907, par les travaux dirigés par M. Œhlert, près de Saint-Patrice-du-Désert. Ils semblent avoir montré que, si la couche exploitée à Halouze et à la Ferrière-aux-Etangs devient trop siliceuse en cette région, il y a par contre au-dessus d'elle, dans les schistes à calymènes, en se rapprochant des grès de May, quatre autres horizons ferrifères, composés de carbonate à plus de 45 o/o de fer après grillage et qui apparaissent comme exploitables.

Ce fait nouveau est peut-être très important au point de vue des ressources minières de la région s'il n'est pas localisé. Le minerai de fer subordonné aux schistes d'Angers forme donc 5 couches distinctes, dont 4 exploitables ; il en est ainsi notamment à la Patricière, au Nord-Est de Couptrain ; ces couches qui pendent au Nord de 45° environ ont une épaisseur variant de 1 m. 50 à 2 m. 80 et donnent un total de 10 à 12 mètres de puissance : la première correspond à celle qui est exploitée à Larchamp, Halouze, la Ferrière-aux-Etangs, ainsi que dans tous les autres synclinaux normands; elle est séparée du grès armoricain par une épaisseur normale de 65 mètres de schistes; dans des schistes analogues qui surmontent ce premier niveau, on trouve d'abord un groupe de deux autres couches de minerai, puis une série grèseuse de 15 à 20 mètres de puissance et enfin deux nouvelles couches comprises dans des schistes, qui par leur faune font encore partie de l'ensemble des schistes à calymène Tristani; au-delà commence le grès de May. Les travaux de recherche ont permis de constater l'existence de ces différents niveaux sur une longueur de 14 kilomètres. C'est à l'ordovicien moyen qu'il faut rattacher tout cet ensemble de schistes au milieu desquels s'intercalent plusieurs couches de minerai et une assise grèseuse; celle-ci représente les grès inférieurs de May à Homalonotus et les schistes qui les surmontent sont l'équivalent des schistes à Trinucléus.

Au Sud d'Argentan des recherches récentes auraient découvert, paraît-il, une couche dans les grès de May, c'est-à-dire à un niveau encore supérieur aux couches dont il vient d'être question.

Ces découvertes récentes montrent que la formation ferrifère est beaucoup plus développée à l'Ouest de la Normandie qu'à l'Est, ce qui vérifie bien les idées de M. Cayeux, que nous avons exposées en commençant cette étude sur le minerai de fer.

Cinq concessions qui empiètent les unes sur les autres sont actuellement demandées à l'est de Bagnolles et une sixième à l'Ouest d'Alençon.

5° Synclinal de Mayenne à Alençon Synclinal de Sillé-le-Guillaume

Depuis dix ans, les chercheurs ont concentré leurs efforts sur les bandes qui viennent d'être passées en revue; mais au Sud de ce domaine minier, actuellement défini dans ses grandes lignes, et souvent dans le détail, le minerai de fer est encore connu en différents points, dans le synclinal de Mayenne à Alençon et celui de Sillé-le-Guillaume, qui se réunissent au synclinal de Mortain-Domfront, dans la région d'Alençon.

Dans le premier, le minerai se suit du Sud-Ouest au Nord-Est, entre le Horps et Villaines-la-Juhel, puis dans la région de Saint-Léonard; dans le second, on le suit le long des bords du synclinal, entre Sillé-le-Guillaume et Fresnay-sur-Sarthe. Il est parfois assez riche pour avoir donné lieu à des exploitations sur des affleurements.

6° Gisement de Diélette

Le gisement de Diélette est situé vers l'extrémité Nord-Ouest du Cotentin, au Nord du massif granitique de Flamanville, qui a métamorphisé tous les terrains voisins, de sorte qu'il est difficile de les reconnaître; les uns le rattachent au dévonien, les autres au silurien, ce qui n'en ferait qu'une dépendance des gisements décrits plus haut.

Dans ce terrain métamorphique, au contact du granit de Flamanville, existent 6 couches verticales, dont 3 seulement affleurent sur la plage à marée basse; elles sont situées en grande partie sous la mer.

Ces couches avaient été explorées par un puits profond de 94 mètres, d'où une galerie s'avançant sous la mer, avait recoupé les couches sur ses 271 mètres de longueur; l'épuisement onéreux des eaux avait fait arrêter les travaux en 1892.

La couche principale, exploitée de 1867 à 1877, puis de 1880 à 1892 (51.359 tonnes en 1890), a 7m 80 de puissance en 2 bancs de 4m et 3m 80, elle fournissait un minerai cristallin, mélange de magnétite et d'oligiste : Fer, 57,36; Manganèse, 0,07; Phosphore, 0,24; Silice, 11,87.

Les travaux ont été repris à Diélette en 1908, mais n'ont encore consisté qu'en recherches et préparation. On a dénoyé les travaux et approfondi le puits à 150 mètres.

Le chargement sur les navires en mer, se fera par 2 câbles transporteurs, s'appuyant sur 4 pylones et s'avançant jusqu'à 600 mètres en mer.

III

Production — Avenir

Au point de vue de l'*extraction totale*, la Normandie a donné les productions suivantes, tant en hématite qu'en carbonate grillé ou cru, suivant que les mines calcinent dès à présent le minerai cru ou le mettent en stock pour une calcination future :

1902.........	162.400	tonnes
1903.........	202.500	—
1904.........	217.400	—
1905.........	258.300	—
1906.........	292.500	—
1907.........	326.700	—
1908.........	356.800	—
1909.........	426.000	—
1910.........	498.648	—
1911.........	619.019	—

On a une production croissante, qui ne peut que continuer sa marche ascendante, parce que les concessions de Mortain, Bourberouge, la Ferrière, Larchamp, Halouze, auxquelles sont intéressées les grandes aciéries du Nord de la France, ne sont, en somme, que dans la période préparatoire. A Larchamp et Halouze, notamment, le programme prévoit une production de 300.000 tonnes par an.

Le minerai va actuellement pour un tiers environ dans les usines françaises, du Nord principalement ; les deux autres tiers sont vendus en Angleterre (2/5) et en Allemagne (3/5). Les minerais sont surtout exportés par Caen (306.620 tonnes en 1910) ; une petite partie est exportée par Granville, qui prendra plus d'importance par la mise en valeur des concessions de Mortain et Bourberouge.

Comme *nature*, les minerais normands sont des hématites ou des carbonates. Ces derniers, que l'on extrait déjà normalement à la Ferrière, à Halouze et à Larchamp, que l'on obtiendra bientôt en grande quantité à Soumont, Mortain, Bourberouge et Jurques, sont grillés avant expédition, dans des fours soufflés, dont la cuve, présentant à sa base le cône central de soufflage, a une hauteur utile de 6 mètres et un diamètre de 3^{m} 70 à 4^{m} 30 ; elle est à peu près cylindrique. Le chargement se fait de jour avec le tout venant de la mine et adjonction de 1 à 1/2 o/o de charbon anthraciteux ; le soufflage a lieu de nuit, portes lutées, et le minerai calciné est tiré de jour. Chaque four donne par jour 55 à 75 tonnes de produit grillé, dont 15 o/o entre 0 et 10 m/m, 10 o/o entre 10 et 30 m/m, et 75 o/o au-dessus de 30 m/m.

Voici quelques analyses de minerais :

	St-Remy (hématite)	May et St-André (hématite)	La Ferrière (carbonate cru)	La Ferrière (carbonate grillé)	Larchamp (carbonate grillé)	Halouze (carbonate grillé)
Fer.............	52 à 53	46 à 51	39 à 40	48 à 50	50	48,15 à 49,25
Manganèse.......	»	0,5	0,32	0,40	0,40	0,56
Silice............	10 à 12	14	11	14	13,7	13 à 14,5
Alumine.........	3	3,25	4,3	4,5	7,4	—
Chaux et Magnésie	2,5	2,50	4,5	4,5	3,5	—
Phosphore.......	0,6 à 0,7	0,6 à 0,7	0,67	0,8	0,72	0,67
Eau..............	3	5 à 6	»	»	»	»
Perte au feu......	»	»	26,60	0,8	1,8	—

Le minerai calciné est poreux, ce qui est avantageux pour sa réduction ultérieure au haut fourneau ; le m^{3} de minerai cru en vrac pèse 2.000 kil., tandis que le minerai calciné ne pèse plus que 1.600 à 1.650 kil.

Les plus beaux minerais sont les hématites de Saint-Rémy, et les plus beaux carbonates, ceux de la zône d'Halouze, la Ferrière, Larchamp. Les hématites de May et Saint-André, les carbonates du Calvados (synclinaux de Barbery et Falaise) sont moins riches. Les minerais donnant en hématite, ou carbonate calciné, moins de 45 o/o de fer et 20 o/o de silice, ne sont exploités que lorsque les conditions sont favorables.

Par sa composition, le minerai normand convient pour les fontes phosphoreuses de moulage, ou Martin, ou mélangé à d'autres minerais plus phosphoreux pour les fontes à acier Thomas.

Les prix de vente sont ordinairement faits sur minerai séché à 100° et sur base de 50 o/o de fer et 12 à 14 o/o de silice ; le prix normal est alors de 9 fr. 50 à 10 fr. au port, et peut même arriver à 12 dans les bonnes années ; l'hématite de Saint-Rémy est recherchée et se vend avec prime. L'unité de fer en plus ou en moins, se compte en plus ou en moins de 0 fr. 20 à 0 fr. 30, celle de silice de 0 fr. 10 à 0 fr. 15 en moins ou en plus.

Au point de vue de l'avenir des exploitations, il est difficile d'estimer le tonnage de minerai contenu dans le sous-sol normand, car on ne connait pas le fond des synclinaux, et, d'autre part, la couche peut disparaître en certaines régions le long de ces synclinaux, et la teneur en silice, qui fixe l'exploitabilité, est variable.

M. l'Ingénieur des Mines Nicou, auquel ont été empruntés la plupart des renseignements qui précèdent, évalue le volume du minerai par mètre d'approfondissement à 18.000 m³ dans le synclinal de May, 64.000 dans celui de Barbery, 14.500 dans celui de Falaise, 83.000 dans celui de la Ferrière, dont 33.000 pour Halouze et Larchamp, et 12.000 pour la Ferrière ; au total, 180.000 m³, soit 550.000 tonnes (densité 3,1). Sur quelle hauteur peut-on espérer un tel tonnage ? En se rapportant aux 400 mètres de sondage de Soumont, on aurait 220 millions de tonnes ; si, comme beaucoup le pensent, certains synclinaux pouvaient n'avoir leur fond qu'à 1.200 mètres, et plus, c'est 700 millions de tonnes qu'il faudrait envisager, sans préjudice des zones encore inconnues.

Il y a donc un bel avenir pour les sociétés minières de Normandie ; la grande majorité s'outille pour une extraction beaucoup plus considérable que l'actuelle ; le million de tonnes sera vraisemblablement réalisé dans une année peu éloignée.

Les intérêts qu'ont pris, en ces temps derniers, de puissantes sociétés de Westphalie ou de gros vendeurs de minerai dans la mise en valeur des nouvelles concessions, ainsi que la demande de minerai de la part des usines métallurgiques anglaises, font prévoir qu'on expédiera de plus en plus de la Normandie vers l'Allemagne et l'Angleterre. D'autre part, les usines sidérurgiques du Nord de la France, grâce aux prix de transport réduits consentis aux wagons de grande capacité appartenant aux particuliers, trouvent dans ces minerais siliceux riches un excellent fondant pour les minerais calcaires de Briey dans la fabrication de la fonte Thomas ; les tonnages encore faibles qui leur sont expédiés croîtront certainement. Enfin, des projets d'usines métallurgiques aux environs de Caen sont en cours de réalisation. Le minerai normand seul ne parait pas convenir aux fontes Thomas, mais il semble qu'on pourrait obtenir de bonnes fontes de moulage en fontes Martin, qui seraient fabriquées dans des conditions permettant la lutte sur les marchés d'exportation.

Une grosse difficulté dans la réalisation de ce développement proviendra de la main-d'œuvre ; le Normand n'aime pas le travail de la mine, on a déjà dû s'adresser en dehors, en France à des Brestois et à des ouvriers de l'Aveyron et du Nord ; à l'étranger, à des Espagnols et des Italiens.

Quoi qu'il en soit, il est certain que plus ou moins tôt, il y aura en Normandie un bassin de grande extraction, bien placé pour l'exportation, à cause de la proximité de la mer.

Après avoir étudié le minerai de fer des plis normands, il serait logique d'étudier la fosse médiane, constituée par ce qu'on appelle les bassins de Châteaulin, de Menez-Belair et de Laval. Mais cette région est la plus complexe et la moins connue.

Nous étudierons donc d'abord le minerai de fer des terrains siluriens dont les plis sont serrés entre l'anticlinal de Rennes à Château-Gontier et l'anticlinal de Cornouailles, et qui s'étendent dans le Maine-et-Loire, le sud de la Mayenne et de l'Ille-et-Vilaine, la Loire-Inférieure et l'Est du Morbihan.

CHAPITRE II

LE MINERAI DE FER DE L'ANJOU & DE LA BASSE-BRETAGNE

I.

Historique et Production

Le minerai de l'Anjou et de la Basse-Bretagne est connu depuis une antiquité reculée. Les Gaulois exploitaient déjà les gisements superficiels, car César parle des ancres et des chaînes en fer utilisées par les Venètes. Les Romains continuèrent; leurs excavations, leurs galeries ont été retrouvées en de nombreux points; leurs scories sont caractérisées par les briques à rebord qui les accompagnent souvent. L'exploitation fut poursuivie après les invasions barbares : on a retrouvé des poteries mérovingiennes dans les scories, des outils du VIIe siècle dans une minière ; elle était très développée au moyen-âge ainsi qu'en témoignent les noms de certains lieux : Martigné-Ferchaud, la Ferrière, la Ferronierre, de nombreux documents écrits, des scories, des vestiges de fonte et débris de fourneaux.

En Maine-et-Loire, des scories ont été retrouvées à Pouancé, Longuenée, Saint-Léger-du-Bois, Juigné-Loiré, à Beauvau, dans la forêt de Chambiers et jusqu'à Dénée ; au sud de la Loire ; d'anciens travers-bancs subsistent dans la forêt d'Avrillé.

En Loire-Inférieure et Ille-et-Vilaine, la minière de Rougé, au nord de Châteaubriant, les gisements de la forêt du Gâvre ont été exploités depuis des temps très reculés ; 100,000 tonnes de scories à 50 o/o ont été retrouvées dans la forêt du Gâvre et exploitées ; des scories se rencontrent également abondamment vers Ruffigné, Sion, Teillay, Cropé, Lary, dans la lande de Bagaron, vers Pléchatel, sur la lande de Bodignel et à la butte de la Roche, près Saint-Ganton. Au sud de ces gisements, des vestiges d'exploitations anciennes ont été retrouvés jusque vers Cambon.

Dans le département du Morbihan, les exploitations anciennes furent de même nombreuses. Parmi les plus reculées, il faut citer celles du Bois d'Avy et de Saint-Jacut à l'ouest de Redon où de grandes excavations dont on ignore l'antiquité ont été creusées, si anciennes que des arbres séculaires y ont pris racine.

***

La plupart de ces exploitations furent abandonnées successivement. Au XVIIIe siècle, les plus importants fourneaux étaient ceux de Paimpont, Martigné-Ferchaud, Pouancé. La révolution n'amena pas comme en Normandie, l'abandon complet des fourneaux et des exploitations. En l'an IX, les forges de la Hunaudière, près de Sion, de Moisdon, de Gravotel et de la Prevostière produisaient encore 725 tonnes de fonte et 926 de fer avec 1,800 tonnes de minerai et 480.000 hectolitres de houille. En 1859, les mêmes fourneaux et celui de la Poitevinière livraient à la consommation 2.245 tonnes de fonte et 368 de fer.

La signature des traités de commerce de 1860 détermina l'abandon des usines. Le dernier haut-fourneau, celui de la Jahotière, à l'est d'Abbaretz s'éteignit en 1862.

***

Toutes ces anciennes exploitations ne se sont attaquées qu'au minerai de fer superficiel. L'importance des gisements n'a commencé à être soupçonnée qu'au milieu du siècle dernier. Renou, vers 1840, Le Chatelier (1848), Cacarrié (1845), Millet (1854) signalèrent l'intérêt qu'il y avait à étudier le minerai de fer du Maine-et-Loire. Danton, dès 1850, entreprit des prospections, puis avec le concours de l'explorateur Jules Garnier, des travaux de recherches, qui aboutirent à l'institution des concessions suivantes :

Le Bois, 21 novembre 1874.
L'Oudon, 13 janvier 1875.
Champigné, 12 mars 1875.
La Ferrière, 27 mars 1875.
Les Aulnais, 19 juin 1875.
La Jaille-Yvon, 24 février 1876.

En 1879, les propriétaires en étaient M. Paulin Talabot, la Société de Denain et d'Anzin et M. Jules Garnier.

En Loire-Inférieure, Ille-et-Vilaine et Morbihan, on n'était pas allé si vite en besogne. Il ne s'était pas trouvé de prospecteur pour susciter les initiatives, comme en Maine-et-Loire. Cependant, l'exploitation en minière des gisements superficiels continua plus ou moins restreinte. La minière de Rougé notamment resta toujours en activité ; elle alimenta le haut-fourneau de Martigné-Ferchaud et celui de la Hunaudière qui furent remis en activité vers 1873, mais s'éteignaient quelques années après, puis le nouveau fourneau de Tabago, près de Redon qui fonctionna jusqu'en 1882, les minières de la forêt de Paimpont restèrent exploitées et alimentèrent les forges de Paimpont jusque vers 1869.

En 1880, se constitua la Société anonyme des mines de fer de l'Anjou et des forges de Saint-Nazaire. Elle était propriétaire des 4 concessions du Bois, de l'Oudon, de la Ferrière et des Aulnais et commença la construction des forges de Trignac, en vue de les exploiter. Comme nous venons de le dire, il n'existait plus qu'un seul haut-fourneau en activité dans les départements de Maine-et-Loire et de la Loire-Inférieure, c'était celui de Tabago, près de Redon, qui allait lui-même prochainement disparaître. Un des buts principaux de la Société nouvelle était l'exploitation active de ses concessions. Les travaux furent donc commencés dans la concession de l'Oudon et, en attendant la construction de la ligne Segré-Saint-Nazaire, terminée en 1891, on se servit, pour le transport du minerai, des rivières navigables, l'Oudon, la Mayenne et la Loire. L'exploitation ne fut pas très active et de 1881 à 1892, la production totale ne s'élève qu'à 35.455 tonnes.

Dès le début, on avait constaté que le minerai de Segré ne pouvait rivaliser avec le minerai d'Espagne au point de vue de la facilité du traitement et du prix de revient.

La Société s'adressa alors aux minières de la région de Châteaubriant, mais on reconnut que leur minerai était beaucoup moins riche que celui de Bilbao et que leur teneur en phosphore était trop grande pour les procédés alors employés à Trignac. De 1882 à 1890, les forges de Trignac n'utilisèrent que 112.130 tonnes de minerai de minières, soit environ 11.700 tonnes par an.

En 1890, la Société des mines de fer de l'Anjou et des forges de Saint-Nazaire fut remplacée par la Société des aciéries, hauts-fourneaux et forges de Trignac. Jusqu'en 1904, elle consomma 157.885 tonnes de minerai de minière, soit en moyenne 11.277 tonnes par an.

En 1903, les usines de Trignac et les mines de Segré passèrent entre les mains de la Société des Usines métallurgiques de la Basse-Loire. Cette nouvelle Société utilisa un peu les minières et plus abondamment les morceaux de scories anciennes disséminés en une foule de points (environ 10.000 tonnes par an), puis, après avoir acquis la certitude qu'en employant des procédés métallurgiques nouveaux, les minerais de Segré sont économiquement utilisables, elle a remis ses concessions de l'Anjou en exploitation.

Vers la même époque, on se mit à rechercher en Maine-et-Loire de nouveaux gisements sur le prolongement des couches exploitées par la Société de la Basse-Loire et dans les autres synclinaux.

Ces recherches sont devenues de plus en plus actives pendant les dix dernières années; 3 concessions seulement ont été accordées; celle de Saint-Barthélémy en 1902, celles du Pavillon et de l'Ombrée en 1910, mais beaucoup sont en instance.

Le succès des recherches sur les gisements de Maine-et-Loire a déterminé depuis deux ans les chercheurs à en étudier le prolongement en Loire-Inférieure et en Ille-et-Vilaine. Actuellement, on assiste à une campagne de recherches extrêmement active, dans toute la région et des concessions sont déjà demandées.

Nous donnons ci-après l'état actuel des concessions instituées en Maine-et-Loire, avec leurs productions pendant les dernières années.

Celles qui dépendaient de Trignac ont été reprises en 1911 par la Société des Mines de Segré, dont la Société des Usines métallurgiques de la Basse-Loire possède 3/4 des actions.

	Superficie — Hectares	Dates des actes institutifs			Production en tonnes 1907	1908	1909	1910	1911
Les Aulnais..	834	19 juin 1875	P E	Société des Mines de Segré, 13, rue Lafayette, Paris.	»	»	»	»	300
Le Bois	1.219	21 nov. 1874	P E	id.	»	»	200	1.947	4.357
Champigné...	2.318	12 mars 1875	P	Héritiers de MM. Montrieux, Blavier, etc........	»	»	»	»	»
La Ferrière...	989	27 mars 1875	P E	Société des Mines de fer de Segré.	»	1.000	6.596	30.531	47.529
La Jaille-Yvon	2.490	24 fév. 1876	P E	Commission des Ardoisières d'Angers, MM. J. Deschamps et Cie, 52, boulevard Haussmann, Paris.....	300	2.028	175	»	»
L'Ombrée	1.514	23 avril 1910	P	Commission des Ardoisières d'Angers............	»	»	»	»	»
L'Oudon......	845	13 janv. 1875	P E	Société des Mines de fer de Segré..	2.400	14.600	22.693	32.879	30.970
Le Pavillon...	327	17 janv. 1910	P	Société des Mines de fer et Ardoisières du Pavillon d'Angers....	»	»	»	»	9.300
			E	Société nouvelle des Mines de fer du Pavillon d'Angers............	»	»	»	»	»
St-Barthélémy	460	5 déc. 1902		id.	718	418	»	»	»
					3.418	18.046	29.664	65.177	92.456

La production est constituée presqu'exclusivement par du fer oxydulé (minerai riche en magnétite).

A cette production doit s'ajouter l'appoint très important fourni par les minières de l'Ille-et-Vilaine, de la Loire-Inférieure et du Morbihan.

Le minerai des minières, délaissé en 1903 par les usines de Trignac, a cependant, en effet, trouvé un débouché ; il a été exporté par les ports de Nantes et Saint-Nazaire, comme lest de retour des navires charbonniers, et par les 4/5 vers Rotterdam.

L'exploitation des minières n'a fait que se développer depuis cette date, comme l'indiquent les chiffres fournis ci-après ; le fléchissement que l'on remarque en 1908 est dû à la crise métallurgique.

	Ille-et-Vilaine	Loire-Infre	Morbihan	Total
1902	»	»	»	6.426
1903	»	»	»	27.566
1904	»	»	»	79.533
1905	51.681	28.859	2.500 (1)	83.040
1906	73.849	33.721	4.112 (1) 2.560	114.242
1907	79.301	38.000	8.000	125.301
1908	15.634	7.830	»	23.464
1909	34.900	61.500	»	95.400
1910	37.400	88.500	5.800	131.700
1911	93.600	93.100	3.000	189.700

La production de l'Ille-et-Vilaine et de la Loire-Inférieure est constituée par du minerai hydroxydé (hématite brune et hémanite). La production du Morbihan est constituée par du fer carbonaté grillé, sauf les quantités marquées du signe (1) qui représentent du minerai hydroxydé.

II

Géologie et Tectonique de la Région Ferrifère

Les gisements de minerai de fer de l'Anjou et de la Basse-Bretagne se rapprochent beaucoup au point de vue géologique de ceux de Normandie, que nous avions étudiés et, comme eux, ils appartiennent au silurien, principalement au grès armoricain.

Le silurien est, en effet, très développé dans la région qui s'étend entre les schistes précambriens de l'anticlinal de Pontivy, Rennes, Châteaugontier, au Nord, et les micaschistes, gneiss et granulite, au Sud, qui flanquent l'anticlinal des Cornouailles.

Nous allons le décrire d'une façon assez détaillée, en vue de permettre d'apprécier l'extension possible des gisements de fer actuellement connus.

***

Les couches siluriennes ont subi fortement l'influence des *mouvements hercyniens* qui les ont *plissées*, de sorte que l'érosion subséquente les fait apparaître aujourd'hui suivant de longues bandes E.S.E.-O.N.O.

Au Nord, comme nous l'avons dit, se trouve l'anticlinal de Pontivy, Rennes, Châteaugontier, vaste voûte ondulée en anticlinaux et synclinaux secondaires, ramenant au jour les schistes précambriens.

Au Sud de cet anticlinal, s'étend le synclinal de Poligné, Martigné-Ferchaud, Renazé, Châteauneuf-sur-Sarthe (*nº 10*) puis un anticlinal passant à Ploërmel, Messac, Ercé-Teillé, la forêt de Javardon, la forêt d'Araize, Bouillé-Ménard, qui ramène au jour à ses deux extrémités les schistes précambriens et qui est couvert au centre, de l'Ouest des landes d'Ercé, à l'Est de la forêt d'Araize, par un manteau de grès armoricain.

Le pli suivant fait dessiner au grès armoricain et aux schistes d'Angers la cuvette de Reminiac et le long synclinal qui passe à Saint-Ganton, Saint-Sulpice, Noyal, Rougé, Pouancé, et se ferme à 7 km. à l'Est de Segré. (*Nº 11*).

Il est bordé au Sud par l'anticlinal de Carentoir, Châteaubriant, le Lion-d'Angers, ramenant au jour à l'Ouest et à l'Est les schistes précambriens et couvert, en sa partie médiane, de Saint-Ganton à Ruffigné-Saint-Aubin-des-Châteaux par le grès armoricain.

Le synclinal suivant se suit de la pointe du Raz par Quimper, Malestroit, Pierric, Saint-Julien-de-Vouvantes, Erbray jusque Saint-Barthelémy (*nº 12*). Dans sa partie orientale, il se double au Sud d'un pli irrégulier allant du Grand-Auverné à Angers par Candé (*nº 13*).

Il est flanqué au Sud par l'anticlinal des landes des Lanvaux, ramenant au jour à l'ouest, jusqu'à Issé, des schistes anciens, métamorphisés par la granitite de Bains dans la région des landes de Lanvaux, et marqué seulement à l'Est (anticlinal de Freigné) par des lambeaux de grès armoricain tronçonnés par failles émergeant dans les schistes supérieurs; le granite de Bécon-les-Bruyères fait pendant à celui de Bains.

Les plis que nous venons d'énumérer sont *dissymétriques*, c'est-à-dire que les *synclinaux sont aigus et pincés*, tandis que les *anticlinaux forment une voûte plate, à faibles ondulations*.

Les couches, faiblement inclinées et ondulant sur les anticlinaux plongent très brusquement dans les synclinaux et non pas avec une courbure régulière.

Au sud de l'anticlinal des landes de Lanvaux, les plis deviennent plus compliqués. On se trouve là dans une zône d'effondrement, la fosse bas-bretonne, où les terrains ont joué les uns par rapport aux autres, plus par de grandes failles O.N.O.-E.S.E. que par plissements simples; le bord Sud des synclinaux manque le plus souvent par suite des failles.

On peut y distinguer les plis suivants :

D'Elven à Redon, Nozay, la Houx, Saint-Maurille (*nº 14*);

De Rieux à Vioreaux et à Bouchemaine (*n° 15*);

De Béganne à Blain et Teillé (*n° 16*);

De la forêt de la Groulais à Chalonnes et à Chaudefonds (*n° 17*).

Au Sud s'étendent les micaschistes à partir d'une ligne allant de la forêt de la Roche-Bernard à Oudon et Champtoceaux.

Les plis subissent des variations d'amplitude de surface, mais peu accentuées; en outre ils *ondulent verticalement* dans le sens de leur allongement, montrant successivement à l'affleurement des tranches inégalement profondes du pli synclinal.

L'ondulation verticale la plus notable se produit sur la gouttière archéenne du méridien de Rennes. C'est là vraisemblablement que les fonds des synclinaux doivent être le plus profond pour se relever vers l'Est et vers l'Ouest, ce qui expliquerait que les schistes de Montfort et le grès armoricain des anticlinaux ait pu échapper dans cette région à l'érosion, qui a fait apparaître les schistes précambriens plus anciens à l'Est et à l'Ouest.

∴

Les terrains sont constitués par des alternances de grès et de schistes à faciès lithologique souvent assez spécial pour caractériser leur âge, ce qui supplée à la rareté des fossiles. Topographiquement, les grès forment généralement les plateaux et les schistes les vallées.

L'étage des schistes *précambriens* est constitué surtout par des schistes gris verdâtres, terreux, avec grès argileux grossiers, devenant ocreux à l'air et des lits de poudingue à galets de quartz blanc; ces schistes gris verdâtres sont surmontés par des schistes roses ou jaunes avec poudingues et grès sombres et des schistes verts en grandes dalles, ces deux derniers niveaux n'ayant qu'une faible épaisseur; les poudingues font place dans la région orientale à des calcaires gris bleuâtres.

Le poudingue et les schistes violets dits de Montfort forment la base du *cambrien* et reposent en discordance sur les dalles vertes qui terminent la formation précédente; cet étage présente une épaisseur considérable au Nord-Ouest où les conglomérats alternent avec des schistes rouges et des grès verts; son épaisseur se réduit progressivement vers le Sud et vers l'Ouest.

Il est notamment développé dans la forêt de Paimpont, extrémité ouest du premier synclinal; les poudingues ont une épaisseur variant de 5 à 500 m., atteignant son maximum dans les parties dont l'affleurement dessine sur la carte une convexité tournée vers le dehors du synclinal, les schistes au dessus sont pourprés, se divisant en dalles à surface inégale, bosselée, à clivages verticaux très marqués, avec lits alternants de schistes vert sombre ou rose. Vers l'Ouest, l'étage diminue et perd son faciès; passant à des schistes verts en dalles et à des schistes blancs verdâtres micacés, peu puissants.

Dans le synclinal suivant, la cuvette de Reminiac montre des dalles pourprées à oligiste, alternant avec des dalles vertes à chloritoïde, des schistes et quartzites verts et un poudingue siliceux à gros galets. Vers l'Ouest, la formation passe à des schistes verdâtres en grandes dalles, bien nets entre Ruffigné et Pouancé notamment.

Le synclinal de Malestroit, Pierric, Saint-Julien-de-Vouvantes, Saint-Barthélemy ne présente cet étage que sur son bord Nord; il commence au Nord de la forêt de Camors où il est très réduit, il offre un beau développement de dalles vertes vers Saint-Jean-de-Brévelay, devient très important vers Saint-Ganton où l'on voit les mêmes divisions que dans la cuvette de Réminiac, puis vers Châteaubriant et la forêt de Juigné où il est formé de schistes verts en grandes dalles et de schistes pourprés typiques.

Cet étage n'existe plus dans les autres plis plus méridionaux.

Au dessus se trouvent le *grès armoricain* à scolithes *avec lits de minerai de fer*, puis les schistes dits d'Angers formant l'ordovicien.

Le grès armoricain se réduit du Nord au Sud et sa puissance passe de 500 à 50 m.

Dans le premier synclinal de Poligné à Châteauneuf-sur-Sarthe, il est surtout développé à l'Ouest, dans la forêt de Paimpont où il forme une masse de grès en gros bancs réguliers, épaisse de plusieurs centaines de mètres ; l'épaisseur se réduit vers l'Est et le grès devient quartziteux et très dur par bancs de plus en plus nombreux.

Il en est de même dans le synclinal de Reminiac à Segré, où l'étage, représenté par du grès blanc massif dans la cuvette de Reminiac, se réduit jusqu'à une centaine de mètres de puissance à l'Est.

Le synclinal de Malestroit, Pierric, Saint-Julien-de-Vouvantes, Saint-Barthélemy ne présente nettement cet étage que sur son bord Nord ; il débute à l'Ouest par un grès blanc feuilleté, parfois coloré par des infiltrations ferrugineuses, alternant avec des feuillets schisteux d'arkose; l'épaisseur, réduite à 30 mètres vers Malestroit, augmente vers l'Est et atteint un grand développement à partir de Sion ; au Sud l'étage n'est représenté que par un mince niveau de quartzites qui ne devient notable que vers Moisdon, et se prolonge en lambeaux assez puissants, mais interrompus, le long de l'anticlinal de Freigné.

Le bord Nord de la fosse bas bretonne est suivi par une mince bande formée de lits de schistes et de grès alternés représentant l'étage du grès armoricain et ne pouvant y être rattachée authentiquement qu'à l'Est de Guémené-Penfao.

Cet étage y a donc un faciès notablement schisteux. Sur le bord Sud, il a au contraire son faciès gréseux habituel ; il forme la bande de Béganne à Guenrouet, commençant par des grès très ferrugineux, puis d'épais grès roses psammitiques renfermant des bancs très ferrugineux ; au contact de la granulite d'Allaire, ces grès sont transformés en quartzites micacés ; à l'ouest de Saint-Gildas, des pyphyroïdes les ont modifiés en quartzites blancs feuilletés, séricitiques.

Séparée de la précédente par les schistes amphiboliques de Blain et une grande faille d'étirement, la bande de la forêt de la Groulais se trouve isolée au milieu des schistes métamorphiques et est formée de quartzites gris bleuâtres, veinés de quartz très recherchés pour l'empierrement des routes.

Enfin, sur la bordure sud de la fosse bas-bretonne, cet étage n'existe pas.

Les *schistes, dits d'Angers*, à Calymène Tristani sont, dans les synclinaux du Nord, bien reconnaissables à leur aspect noirâtre ; ils contiennent des lits micacés grauwackeux et des lits de nodules siliceux ; certains bancs sont ardoisiers et fossilifères ; ils offrent à peu près la même puissance dans tous les plis ; toutefois cette puissance paraît augmenter légèrement du Nord au Sud.

Dans la fosse bas-bretonne, l'étage perd souvent son faciès; dans la bande qui suit le bord Nord, les schistes sont ardoisiers et chargés d'andalousite aux environs de Rochefort en terre ; puis vers Marsac et Nozay et plus à l'Est, ils ont perdu leur caractère fissile, sous l'action de la granulite qui les a enrichis en mica noir et en chiastolite ; ils fournissent aux environs de Marsac, une pierre qui se débite facilement en pieux et aux environs de Nozay une pierre verte massive qui se scie en tous sens. Sur le bord Sud de la fosse bas-bretonne, on retrouve les schistes typiques entre Redon et Saint-Gildas-des-Bois, mais plus à l'Est, ils passent à des schistes verts en dalles, puis à des schistes fins rouges, puis bariolés que l'on ne peut plus distinguer du silurien supérieur.

Le *gothlandien* achève de remplir les plis siluriens; c'est seulement dans la partie méridionale de la fosse bas-bretonne qu'il est encore surmonté du houiller; il comprend, en règle générale : 1° à la base, des grès à Calymenella ; 2° des schistes à Trinucléus ; 3° des schistes et et phtanistes avec ampélites et lits noduleux contenant des sphéroïdes à Orthocères. Les phtanites sont des quartzites noirs, ampéliteux parcourus par des veinules de quartz blanc, formés de précipités organiques et chimiques provenant de dépouilles d'êtres organisés (70 o/o de silice, 10 o/o de carbone). Mais l'importance des différents étages est très variée. Les grès diminuent d'importance vers le Sud-Ouest et disparaissent du côté d'Angers et d'Ancenis ; les phtanites, très développés dans l'Anjou, perdent de leur importance au Nord ; les ampélites sont plus développés au contraire au Nord ; enfin les schistes à nodules, avec Cardiola interrupta, qui couronnent la série, ont une plus grande importance dans les plis du Nord et du Centre que dans ceux du Midi.

Dans le synclinal de Poligné, Martigné-

Ferchaud, Renazé, le gothlandien forme des cuvettes allongées dans le sens des plis ; il est formé de grès blancs surmontés par des schistes contenant des sphéroïdes à Orthocères.

Dans la cuvette de Reminiac, la base seule existe sous forme de grès rose, exploité pour pavés; dans le synclinal de Saint-Sulplice, Noyal, Rougé, le gothlandien présente la même constitution que dans le pli précédent et dessine deux ondulation secondaires.

Dans le long pli suivant, le gothlandien s'est avancé très loin à l'Ouest, dépassant en stratification transgressive les couches siluriennes plus anciennes. De Plumelec à Baud, il n'existe que la partie supérieure sous forme de schistes sombres, noirâtres, à schistosité transversale très développée et modifiés comme les schistes ordoviciens, dont on les distingue difficilement, par la présence de chloritoïde et d'innombrables veines et filonnets de quartz de quelques millimètres d'épaisseur, injectant tous les feuillets du schiste.

Plus à l'Est, de Malestroit à Saint-Vincent-des-Landes, notamment, on distingue à la base des grès blancs rosés, souvent feuilletés, fournissant des pavés, et au-dessus, des schistes très fins feuilletés, argileux, s'altérant facilement, contenant des lits de phtanite bleuâtre en plaquettes et *des lits de minerai de fer*, et un peu au-dessus, des lits intertratifiés de sphéroïdes siliceux avec fossiles.

Plus à l'Est, vers Erbray, les phtanites et les ampélites à Graptolithes prennent un grand développement dans les schistes gris, verts ou rouges avec sphéroïdes à orthocères. Vers la terminaison orientale, l'étage forme deux bandes; la seconde, du Grand-Auverné à Angers, étant elle-même divisée en deux tronçons décolés transversalement, soit 3 bandes, de Saint-Julien-de-Vouvantes, de Saint-Sulpice-des-Landes et de Candé ; il commence par des grès blancs à ampélites, et se termine par des schistes gris, jaunes, rouges et verts avec phtanites et *minerai de fer*.

Sur le bord Nord de la fosse bassebretonne, le gothlandien forme une bande d'une dizaine de kilomètres de largeur. Dans la région de Redon, il est formé de grès durs gris bleuâtre grossiers, passant à larkose, d'épais grès blanc ou rose, dont certains lits rouge violacé se taillent en grandes dalles, et de schistes gris noir et verdâtre rosé, alternant avec des lits de phtanite bleuâtre ou charbonneux noirâtre.

A l'Est de la Vilaine, il faut distinguer 3 zones, dont celle du milieu est très métamorphisée.

Dans celle du Nord, de Saint-Nicolas-de-Redon à Abbaretz, l'étage commence par les schistes rouges, dits de Saint-Perreux, alternant avec des schistes homogènes vert bleuâtre, et surmontés par les schistes et grès, dits d'Abbaretz, fins, lustrés, blanchâtres, verts ou rosés, très altérés et intertratifiés de grès et phtanites, métamorphisés par la granulite aux environs de Nozay.

La zone intermédiaire s'étend de Rieux à Nort ; elle est formée de schistes séricitiques blancs ou verts, parfois rouges violacés, soyeux ou lustrés contenant une bande de quarzites séricitiques et felspathiques. (Fégréac).

La zone méridionale s'étend de Théhillac à Nort ; elle est formée de quartzites durs gris bleuâtres, à gros grains, imprégnés de veinules de quartz, surmontés par des phtanites associés à des schistes ampéliteux.

Dans la région orientale du pli, l'étage est composé de grès, dits de la forêt d'Ancenis, de schistes généralement verts et rouges avec phtanites et de calcaires en lits de faible épaisseur. Les schistes sont souvent décolorés, gris verdâtre, séricitenx, felsphatisés et chargés de quartz bipyramidé (porphyroïdes) sous l'influence des microgranulites qui les percent.

Le *devonien* est limité à quelques cuvettes peu étendues dans le synclinal de Pierric-Erbray et des bandes minces dans la fosse bas-bretonne. Cet étage est intéressant au point de vue pratique, parce qu'il est souvent formé par du calcaire, notamment du calcaire bleuâtre et blanc cristallin, à Erbray (devonien inférieur, coblenzien), du calcaire dans des schistes, à Pont-Maillet, à 500 mètres au Sud de Saint-Julien-de-Vouvantes (devonien moyen, eifélien), du calcaire rose ou noir en lentilles dans des schistes à l'Ecochère, près d'Ancenis, à Montjean et à Vallet, près de Chaudefonds (devonien moyen, givétien), du calcaire bleuâtre à Copchoux, commune de Mouzeil, et à l'Herbraire, commune de la Rouxière (devonien supérieur, frasnien).

Le *houiller* n'existe, comme nous l'avons dit, que sur le bord sud de la fosse bas-bretonne, de Nort à Chalonnes. Nous le decrirons en détail quand nous étudierons les gisements de charbon.

∴

D'une façon générale, les couches ont subi des altérations superficielles intenses, transformant les grès en sables argileux et même en glaises sableuses, les schistes en argile, les minerais de fer en formations hydroxydées, d'espect varié. Cette altération des couches les a fait quelquefois ranger à tort dans le pliocène; celui-ci n'existe en réalité que dans des endroits restreints, sous forme de sables, ravinant les terrains sous-jacents.

III

Nombre et Caractères des Niveaux Ferrifères

Le minerai de fer se trouve interstratifié dans les assises siluriennes, à différents niveaux.

∴

Le plus ancien est *entre le cambrien et l'ordovicien,* c'est-à-dire entre les schistes pourprés, dits de Montfort, et les grès armoricains.

Ce niveau paraît être tout à fait discontinu et n'exister qu'en quelques points isolés, par exemple à Coëtquidan (Morbihan) et à Champiré (Maine-et-Loire).

Le gisement de Coëtquidam est situé entre Guer et Saint-Malo de Beignon, à l'extrémité Est du camp d'artillerie; il a été exploité en 1825 pour les forges de Paimpont au moyen de vastes excavations qui sont aujourd'hui pleines d'eau. Il peut être rattaché au bord Sud du synclinal le plus septentrional de Poligné à Châteauneuf-sur-Sarthe, mais on se trouve là bien au Sud de la plongée du bord Sud du synclinal; on est en présence de lambeaux de couches siluriennes presque plates et faiblement ondulées reposant sur la voûte surbaissée de l'anticlinal précambrien.

Le minerai forme une couche presque horizontale avec léger pendage vers le N. O, mesurant deux mètres de puissance au maximum.

Au mur se trouvent des bancs gréseux plus ou moins rosés présentant des intercalations de schistes lie de vin, qui appartiennent certainement au cambrien; la couche est surmontée de quelques mètres de grès blancs avec tigillites, qui semblent devoir être rapportés à l'ordovicien inférieur. Le minerai est une hématite rouge quelquefois terreuse, le plus souvent grenue et formée de petits grains aplatis et irréguliers à patine noire, qui est noyée dans un minerai plus fin et rouge contenant une assez forte proportion de grains fins de quartz. Cette structure bien spéciale s'exagère en certains endroits et l'on a des noyaux d'hématite, arrondis, mais très irréguliers de forme, noyés dans une masse ferrugineuse à gros grains de quartz, un véritable poudingue à petits éléments.

Il y a passage latéral à des grès fins ou grossiers, peu colorés, contenant encore de distance en distance des noyaux ferrugineux.

Les noyaux d'hématite, qui atteignent la grosseur d'un pois, ont une structure concentrique nette, surtout à la partie externe, qui est plus foncée, souvent noir brillant et plus compacte; souvent l'hématite rouge du centre est mélangée de petits grains de quartz, quelquefois assez abondants pour donner l'aspect d'un grès ferrugineux.

Ce minerai est un grès ou un grès quartzite à base d'hématite rouge ou de pyrite; le quartz est l'élément fondamental du dépôt.

D'après M. Cayeux, il se serait d'abord déposé un sable calcarifère, dont les grains de quartz auraient été réunis par du calcaire. Au calcaire se serait substitué ultérieurement l'oxyde de fer ou un composé du fer dont il dérive lui-même. La présence de fragments de grès ferrugineux, qui ont servi de centres à de véritables pisolithes, signifie, d'après M. Cayeux, que le dépôt a été partiellement détruit et remanié au moment de sa formation; il devait s'effectuer dans un milieu particulièrement agité et sur un fond en voie d'émersion.

Voici l'analyse d'un échantillon recueilli dans une ancienne excavation; bien que l'échantillon soit pauvre en fer, il donne une idée de la composition :

Acide sulfurique	0 23
Acide phosphorique	0 43
Silice	51 87
Alumine	6 50
Sesqui oxyde de fer	38 26
Chaux	0 14
Magnésie	0 08
Perte au feu	2 32
	99 83

Le minerai de Coëtquidan paraît être en grande partie trop siliceux pour que l'exploitation puisse en être reprise ; d'ailleurs le gisement est en grande partie dans le camp d'artillerie et ne peut plus être exploité. Pourtant il nous a paru utile de le décrire assez longuement à titre d'exemple représentant les minerais cambriens.

∴

Le minerai le plus abondant et le moins mal connu actuellement est le *minerai ordovicien.* Alors que dans la Normandie, le minerai ordovicien se trouve toujours dans les schistes à Calymènes, soit à la base même, au contact du grès armoricain, soit à une quarantaine de mètres, au dessus, soit encore plus haut en se rapprochant du grès de May, le minerai ordovicien de la Basse-Bretagne et de l'Anjou est contenu entièrement dans l'étage du grès armoricain.

On y connait au maximum *quatre niveaux ferrifères*, qui sont séparés par des intervalles variant de 40 à 100 mètres ; le niveau supérieur se trouvant entre le grès armoricain et les schistes d'Angers ; on a proposé de les appeler du haut en bas : A, B, C, D.

Ces niveaux n'existent pas partout et, lorsqu'ils existent, ne sont pas partout exploitables. On ne les connaît, coexistant simultanément qu'en Maine-et-Loire et seulement sur le bord Sud et à l'extrémité orientale du synclinal de Segré, aux environs de Segré.

Les puissances y sont les suivantes ; là où connait les niveaux réunis :

A : 1 à 2 mètres ;
B : 5 mètres et plus ;
C : 2 à 4 mètres ;
D : 1 à 2 mètres.

Lorsque les niveaux ferrifères existent, ils sont formés chacun d'un nombre de couches très variable, jusqu'à huit, dont l'épaisseur varie de 0 m. 15 à 7 mètres. Aussi l'allure du gisement est-elle fort compliquée et on ne peut en avoir une idée que par l'étude détaillée qui suivra.

Encore cette idée ne peut-elle être que provisoire : la reconnaissance de la puissance du gisement, de son extension et de sa continuité en direction sont très incomplètes ; il en est de même de la reconnaissance en profondeur, qui a été seulement commencée en Maine-et-Loire où les travaux ne dépassent pas 80 mètres de profondeur.

La *nature du minerai* paraît également fort différente de celle du minerai normand, carbonaté en profondeur.

Comme nous l'avons exposé en détail, en commençant l'étude du minerai de fer, et d'après M. Cayeux, le minerai est ou a été oolithique et a été carbonaté. La faible profondeur des travaux n'a pas encore permis de vérifier cette théorie.

Dans le Maine-et-Loire, les parties des couches reconnues en profondeur ont présenté tout à fait en surface des minerais hydroxydés (limonite, hématite rouge) et des minerais simplement oxydés (hématite rouge, oligiste cristallisé grisâtre avec une gangue donnant des teintes bleu, rosé, jaunissant) et, à partir d'une profondeur toujours assez faible, du minerai oxydulé, formé surtout de magnétite avec un peu de chlorite, de couleur gris noirâtre ou clair avec des teintes bleuâtres, violacées, jaunes verdâtres, etc., suivant la gangue. Le minerai est très siliceux en bien des endroits avec des teneurs en chaux le plus souvent pratiquement négligeables (moins de 1/2 o/o). Les plus médiocres qualités exploitées contiennent 46 o/o de fer et 20 o/o de silice. D'autre part les moyennes atteintes aux meilleurs points connus s'élèvent à 55 o/o de fer avec 8 o/o de silice.

Voici d'ailleurs, approximativement les moyennes des expéditions des concessions exploitées.

	1er Synclinal (Renazé à Châteauneuf-sur-Sarthe)		2e Synclinal (Pouancé-Segré)		3e Synclinal (Saint-Barthélemy)	
	La Jaille-Yvon	La Ferrière	L'Oudon	Le Bois	Le Pavillon	
Fer	44,6 à 48,5	48,6	50,5	55 o/o	55	sur les bonnes couches seulement
Silice..........	19,7 à 26,5	17,5	15,8	8 o/o	7 à 8	
Alumine......			5			
Chaux........			1,8			
Phosphore....		0,85	0,98			
Soufre	0,083 à 0,038	0,01	0,13			
Perte au feu.			2,88			

La densité du minerai est comprise entre 3 et 4,7.

La dureté est très variable ; le minerai profond est le plus souvent compact et très dur, parfois assez difficilement réductible au haut fourneau, quoique les usines modernes soient outillées pour s'en accommoder fort bien en mélange avec d'autres minerais.

Les caractères principaux de ces minerais sont l'abondance de la magnétite, liée à des phénomènes de métamorphisme et le développement du quartz secondaire.

Le calcaire des oolithes primitifs, aurait été remplacé, d'après M. Cayeux, par le carbonate de fer et celui-ci se serait transformé à son tour en magnétite principalement et en chlorite ou près de la surface en oligiste et en hématite ; il aurait été quelquefois remplacé par le felspath, la pyrite et plus souvent par du quartz.

Comme nous l'avons dit en commençant l'étude du minerai de fer le développement de la magnétite, du quartz secondaire, du felspath ont fait disparaître à peu près complètement la structure oolithique primitive.

Si la théorie de M. Cayeux est exacte, il est possible que le minerai passe au carbonate en profondeur ; il est probable que la silice doit diminuer en profondeur à moins qu'elle n'y ait été apportée par des actions de métamorphisme ; mais on ne peut savoir si la chaux et la pyrite varieront avec la profondeur.

A l'Ouest de la région du Maine-et-Loire dont les minerais viennent d'être décrits, les couches en place n'ont été recoupées qu'à de faibles profondeurs ne dépassant pas une quinzaine de mètres, et ont donné du minerai parfois excellent (hématite à 55 o/o de fer et 8 à 10 o/o de silice). Elles semblent moins nombreuses qu'en Maine-et-Loire.

Dans le Maine-et-Loire, les anticlinaux ont été abrasés très profondément et les couches, dès leur affleurement plongent brusquement, souvent presque verticales.

Dans la région des minières de la Loire-Inférieure et de l'Ille-et-Vilaine qui environne Châteaubriant, les anticlinaux ont mieux échappé à l'érosion grâce à leur ennoyage résultant des ondulations verticales que leurs axes subissent en direction. Ils sont recouverts comme nous l'avons dit, par un manteau de grès armoricain, dont la résistance à l'érosion a déterminé topographiquement la formation de plateaux, tandis qu'à l'Est et à l'Ouest, ils font apparaître les schistes précambriens plus anciens.

Le manteau de grès armoricain qui recouvre ainsi chaque anticlinal entre deux bandes de schistes à Calymène, ne forme pas un pli anticlinal unique et régulier, mais un plateau à ondulations multiples, dont la plupart sont orientées Est-Ouest comme le pli principal, mais dont quelques-unes ont des orientations différentes.

Toutes ces ondulations secondaires sont à grand rayon de courbure, de sorte que les couches sur tout le plateau et jusque près de ses limites, sont très faiblement inclinées. Sur les bords, l'inclinaison s'accentue et atteint jusqu'à 45° à la limite des grès et des schistes ; au-delà, les schistes deviennent de plus en plus inclinés et, à une faible distance des grès, ils sont verticaux.

Par suite de l'allure horizontale légèrement ondulée des couches de grès armoricain, il peut arriver que le même niveau de minerai reparaisse plusieurs fois dans une coupe Nord-Sud ; pour le même motif son allure est très variable suivant les gisements et peut même varier dans la même exploitation.

En outre, une érosion intense a trituré les affleurements. Le plateau ordovicien est recouvert de formations résultant d'altérations et du glissement sur les pentes des résidus ; elles atteignent 2 m. 50 à 3 mètres et même plus en certains endroits, surtout sur la déclivité des flancs Sud et Nord ; elles sont constituées par des glaises sableuses, jaunâtres, renfermant de nombreux fragments de grès non roulés, et en de nombreux endroits, des rognons d'oxyde de fer hydraté, plus ou moins volumineux et plus ou moins serrés.

En dehors du massif de grès armoricain, la glaise passe à une argile noirâtre, qui subsiste seule, quand il n'y a eu que les schistes à Calymène à contribuer à la formation du terrain superficiel.

A cause de cette érosion intense, les affleurements ne sont pas toujours nets, mais transformés en éboulis, en épanchements.

On peut avoir une couche à pendage net, quoique variable en direction, venant à l'affleurement sans changement d'inclinaison et sous des terrains superficiels peu épais ; on peut avoir une couche relativement plate, se présentant avec toute sa puissance, si l'érosion ne l'a pas atteinte, ou avec une puissance réduite si l'érosion a enlevé sa partie superficielle, et plongeant ensuite d'un angle variable entre 15° et 45°.

Des ondulations peuvent prolonger la surface minéralisée, et, dans ce cas, l'affleurement de la couche peut être entraîné sur la déclivité du sol et constituer, en terrains superficiels, au-dessus de la couche profonde, un épanchement de minerai en rognons, plus ou moins irrégulier, variant de quelques centimètres à plusieurs mètres d'épaisseur et pouvant s'étendre jusqu'à une centaine de mètres et plus de la couche. Même, par suite du glissement sur la déclivité du sol de l'affleurement ainsi disloqué, celui-ci peut arriver à être séparé de la couche en place par des terrains glaiseux peu ou pas ferrugineux.

Le minerai est aussi variable de composition que d'allure.

Dans les parties qui paraissent les moins altérées, il consiste en riches plaquettes d'hématite rouge (50 et 55 o/o de fer) interstratifiées avec des plaquettes pauvrement minéralisées (19 o/o de fer) et même argilo-gréseuses. Certaines pla-

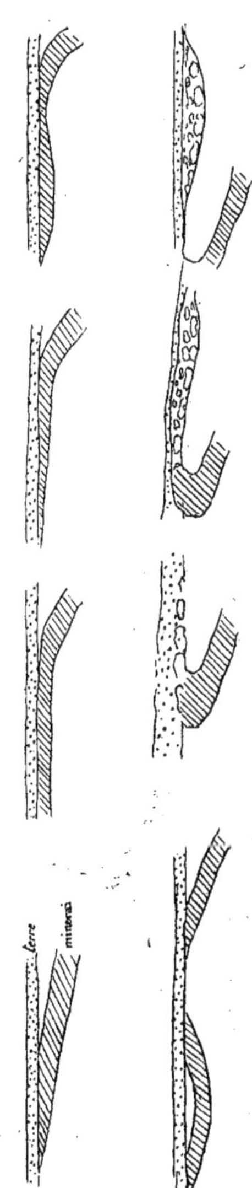

quettes agissent sur le barreau aimanté.

En d'autres points, le minerai se présente en masse rocheuse, mal stratifiée, remplie de nombreuses cassures et formée de minerai hydraté de composition plus homogène (40 à 47 o/o de fer). On constate nettement des passages insensibles entre ces deux structures, celle-ci paraissant résulter de la première par altération et remise en mouvement du fer au moment de son hydratation.

Dans les parties les plus altérées, le minerai se présente en rognons, plus riches, tenant jusque 51 o/o de fer. Cette transformation paraît résulter de l'action intense des eaux météoriques, circulant dans les nombreuses cassures du minerai en structure rocheuse ; les parties les plus riches résistant mieux que les autres à la dissolution et à l'entraînement, on finit par n'avoir plus que des rognons isolés, noyés dans une glaise sableuse plus ou moins ferrugineuse.

Les parties gréseuses elles-mêmes participent à la décomposition en boules et prennent l'aspect d'un faux poudingue.

La formation en rognons est la règle dans les éboulis et dans les épanchements.

Accessoirement, dans certains gisements assez rares, une venue siliceuse secondaire a déposé du quartz dans la masse de minerai sous forme d'agrégats ou de filonnets cristallins radiés ou d'opale en enduits minces dans les fissures.

En moyenne, le minerai extrait des minières contient 45 à 46 o/o de fer, 12 à 15 o/o de résidus insolubles (silice et alumine) et la perte au feu varie de 8 à 10 o/o. Il est assez phosphoreux (0,3 à 0,9 o/o).

Le minerai des minières est extrêmement irrégulier comme teneur en silice, fer et phosphore, et des échantillons peuvent s'éloigner beaucoup de la moyenne ci-dessus. Le meilleur minerai est rouge sombre et comme velouté ou présente des reflets de fonte.

∴

Dans le *silurien supérieur* (gothlandien) on trouve quelquefois des couches interstratifiées de minerai de fer encore peu connues, paraissant contemporaines des phtanites à Graptolites. Elles sont constituées en profondeur par du fer carbonaté oolithique, en surface par des oxydés.

On les connaît surtout dans le synclinal de Malestroit, Pierric, Erbray, notamment à Glénac, Rénac, Beslé, Luzanger, Domnèche, Louisfert, la Forêt-Pavée, Candé, Angrie-Loiré. Voici quelques analyses qui donneront une idée de ce minerai :

	Glénac		Candé	Angrie
	Hématite	Carbonate	Carbonate	Hématite
Fer	42,5	33	39,9	40,38
Silice	8	23	5,2	20
Alumine			2,43	
Phosphore	0,27	0,865	0,886	0,29
Manganèse			0,35	
Chaux			4,92	

IV

Description détaillée des gisements de minerai de fer

La description détaillée des gisements de minerai de fer qui va suivre, vise surtout le minerai ordovicien.

Il y a peu à dire sur le minerai gothlandien qui n'est connu que dans le double synclinal de Malestroit, Pierric, Erbray, Saint-Barthelémy et de Grand-Auverné, Candé, Angers (nos 12 et 13).

En ce qui concerne le minerai cambrien il n'y a rien à ajouter à ce qui a été dit ci-dessus à propos du gisement de Coëtquidan.

La description sera faite en prenant successivement les plis du Nord au Sud et en suivant chaque pli de l'Est à l'Ouest; la région de l'Est étant actuellement la mieux connue.

Cette description, faite d'après les documents publiés, parmi lesquels les rapports du service des Mines aux Conseils Généraux, sera forcément incomplète, par suite de la discrétion compréhensible de ces documents au sujet des résultats des recherches en cours.

⁂

§ Ier. — Bord Nord du synclinal (n° 10) de Chateauneuf-sur-Sarthe, Renazé, Martigné-Ferchaud, Poligné.

Le grès armoricain traverse les concessions de Champigné, de la Jaille-Yvon et se prolonge vers l'Ouest jusque dans la forêt de Paimpont où il prend un grand développement.

Il a été fait très peu de recherches en dehors des concessions.

∴

1° *Concession de Champigné.* — Près de de la Sarthe, on trouve des traces de minerai, notamment à la ferme de Ligné et au N. de celle de la Vallée.

∴

2° *Concession de la Jaille-Yvon.* — Plus à l'Ouest, à l'Est de la route de Chemillé à Marigné, le sol est couvert d'excavations anciennes formant trois lignes parallèles sur une longueur de 1 kilomètre environ, notamment près de la ferme du Boulay et l'on trouve des scories dans le bois du Boulay et dans celui de la Minière. Comme le faisaient prevoir les anciens travaux, des recherches superficielles ont découvert trois couches, savoir : du N. au S. une couche de 1 m. 70, puis à 3 mètres au Sud une couche de 3 m. 90 en trois bancs séparés par 0 m. 20 d'argile et 0 m. 90 de grès schisteux, et enfin à 13 mètres au Sud une troisième couche qui n'a pas été vue en place, parce qu'elle a été profondément exploitée par les anciens.

Le minerai est de l'oligiste de richesse très irrégulière.

Entre la route de Chemillé à Marigné et la Mayenne, on a trouvé le prolongement des couches, sous forme d'un banc de minerai en plusieurs veines, séparées par des filets schisteux et quartzeux, formant un ensemble qui atteint presque 3 mètres de fer oxydulé de médiocre qualité.

C'est dans cette région, sur les rives de la Mayenne, qu'ont été exécutés les travaux d'exploitation de la concession de la Jaille-Yvon, de 1896 à 1903 par La Rivière et Cie et de 1907 à 1909 par Deschamps et Cie.

Deux travers-bancs à flanc de coteau, dits de Montenseau et de Vaugoussel, l'un à 5 mètres et l'autre à 30 mètres au-dessus des eaux de la Mayenne ont rejoint le minerai.

Le travers-banc inférieur a recoupé à 70 mètres de son entrée une couche inclinée à 85° vers le Sud, offrant un banc massif de fer oxydulé de 1 m. 60 à 1 m. 70 en 2 bancs d'une épaisseur totale de 1 m. 10 séparés par 0 m. 50 de schistes ou de grès, puis à 110 mètres de son entrée une autre couche pauvre.

La première couche seule a été exploitée ; elle a été suivie au niveau supérieur sur 185 mètres et au niveau inférieur sur 365 mètres.

Le gite comporte une telle quantité d'accidents qu'il faudrait beaucoup de travaux pour le mettre en valeur. Aussi l'exploitation a été abondonnée en 1909. Le minerai extrait a été d'une qualité variable et à teneur en silice parfois très élevée, mais cela tient surtout à ce qu'on a pris la portion de gite la plus facilement exploitable.

Il ne se sépare pas nettement des épontes ; il est mélangé de parties schisteuses verdâtres qui le salissent et exigent un triage soigneux.

Voici d'ailleurs les analyses des diverses expéditions, d'après M. Brüll :

	sur 10 t. Sept. 1907	sur 2.700 t. Février 1909	sur 1.500 t. Mars 1909	sur 1.000 t. Août 1909
SiO^2	22.58	26.44	23 01	19 79
Al^2O^3	5.8			
Fe^2O^3	68.32			
Fer	47.78	44.61	46	48.49
Mn	0.38			
Ca O	1.28			
Mg O	0.33			
S	0.138	0.103	0.103	0.083
P	0.562	0.699	0.655	0.668
Perte par calcination	0.50	1.28	3.20	3.66

D'autre part des analyses sur stock trié auraient donné :

Silice	7.96	12.36	10.86
Fer	60.57	59.30	60.78
Perte par calcination	3.81	2.30	2 »

Le minerai était amené à Nantes par voie d'eau.

A l'Ouest de la Mayenne, le bourg de la Jaille se trouve au sommet d'une falaise qui domine de 50 mètres la rive droite de la Mayenne, navigable en ce point. Les strates se présentant presque normalement au cours de l'eau, on devait avoir l'espoir d'entrer directement en galerie dans les couches. Le coteau de la Jaille a donc été exploré avec le plus grand soin. Sur le sommet, on a trouvé des travaux anciens nombreux, mais peu profonds ; sur le flanc même de l'escarpement on a reconnu le minerai en plusieurs points, mais une étude même superficielle a pu établir sans descendre à plus de 7 à 8 mètres de profondeur, le peu de continuité des gisements utiles et leur peu de richesse. La roche encaissante se compose de quartzites verdâtres, amphiboliques, d'allure très irrégulière, avec pendage Sud nettement marqué. La cassure Nord-Sud à travers laquelle la Mayenne a frayé son lit a profondément bouleversé les roches qui la limitent à l'Ouest. Les couches de la Jaille sont de la magnétite, passant à l'oligiste et à l'hématite aux affleurements.

A la Butte Rouge, dans les fossés de la grande route du Lion-d'Angers à Château-Gontier, qui forme tranchée en ce point, on trouve quelques affleurements pauvres.

∴

3° *Prolongement des couches à l'Ouest des concessions*. — Entre la Jaille-Yvon et Saint-Sauveur-de-Fléc, le terrain devient plat et recouvert d'alluvions épaisses, argileuses et marécageuses. Les anciens avaient cependant su y trouver le minerai, ainsi qu'en témoignent les vieux travaux du bois de la Hoursaie, à l'Ouest de la route du Lion-d'Angers à Château-Gontier, et les scories des bois de Roussay, de Cressé et du Percher.

A l'Ouest de Saint-Sauveur, on suit les affleurements de minerai jusqu'aux Anges, à la limite du département de la Mayenne, le minerai a l'air pauvre et peu abondant.

Une tranchée creusée autrefois aux Vionnières, au Nord de la Ferrière, a recoupé les grès armoricains sur 400 mètres d'épaisseur ; les strates sont presque verticales avec léger pendage Nord ; on y a trouvé une couche irrégulière de 1 mètre de puissance moyenne, formée de minerai rouge géodique et tendre.

On parle, paraît-il, de reprendre des recherches dans cette région.

Plus à l'Ouest, il est difficile de préciser quelque chose pour le moment. Cependant les gisements du Plessis-Chambon, commune de Bonchamp et de Saint-Saturnin près de Saint-Aignan sur Roë sont cités par différents auteurs et jalonnés par de nombreux tas de scories.

4° *Gisements de remaniement*. — Tout à fait à l'extrémité Ouest du synclinal, l'ordovicien inférieur et le cambrien occupent une surface considérable où se trouvent les minerais superficiels de la *forêt de Paimpont* et des environs.

On se trouve là bien au Nord de la plongée du bord Nord du synclinal ; on est en présence de couches siluriennes presque plates et faiblement ondulées, reposant sur la voûte surbaissée de l'anticlinal précambrien.

L'érosion de cet anticlinal y a été moins accentuée que dans la partie orientale ; toutefois elle a atteint le niveau ferrifère et les couches de minerais paraissent avoir été démolies et remaniées par l'érosion et leurs débris ont été accumulés dans les dépressions pliocènes.

Ce gisement de remaniement a été exploité depuis une haute antiquité et jusqu'en 1908, comme nous l'avons dit. En 1663, il y avait déjà des hauts fours à Paimpont et cette usine, dont les principaux organes subsistent encore, a produit de la fonte au bois et du fer jusque vers 1860 et peut être même jusque vers 1869. Quand les hauts fourneaux ont été arrêtés, les minières, (la Prée, la Gelée, le Grand-Minerai, etc.) ont en même temps cessé d'être exploitées et se sont remplies d'eau formant des petits étangs.

Vers 1900, une Société s'est constituée pour la reprise et le développement de l'exploitation. Le minerai, bourbeux, nécessitait un traitement onéreux qui a fait abandonner en 1908. On parle d'une reprise de ce gîte avec raccordement à la station de Mauron par une voie de 10 kilomètres.

La principale exploitation était située à 1.500 mètres au N. du bourg de Paimpont. En 1900, on a constaté sur une superficie de 4 hectares, des épaisseurs de minerai très variables et au maximum de 15 mètres.

Au-dessous de la terre végétale, on trouve en stratification très irrégulière, des sables argileux, le plus souvent jaunes, quelquefois blancs et alors d'une extrême pureté, des argiles maigres, jaunes et accidentellement colorées en vert par un sel organique de protoxyde de fer, qui ne tarde pas à se suroxyder au contact de l'air et à changer de couleur.

Dans cette couverture superficielle, dont l'épaisseur varie de 3 à 4 mètres, se rencontrent çà et là des blocs ou amas de minerai de bonne qualité, disséminés au hasard et dont le volume varie d'une fraction à plusieurs centaines de m³. La séparation entre ce minerai de couleur foncé et les sables qui l'entourent est très nette; les lits argileux ou sableux semblent s'arrêter brusquement aux parois de la masse minérale.

Le minerai massif, qui se trouve immédiatement au-dessous a une épaisseur de 4 à 5 mètres en 4 à 5 bancs réguliers et durs de minerai, séparés par des lits argileux friables; il n'était pas apprécié par les anciens qui lui préféraient le minerai inférieur se divisant en petits morceaux avec la plus grande facilité ; les anciens le rejetaient. Cependant, il tient : fer 51,22, manganèse 0,55, silice 8,33, alumine 3,10, phosphore 0,020; il a donc beaucoup d'analogie avec le meilleur rubio de Sommorostro ; ce qui justifie la comparaison, c'est la présence au centre de quelques blocs de fer carbonaté lourd, blanc sale, à texture pierreuse, très homogène, contenant à l'état naturel : fer 46,39, silice 0,944, phosphore 0,004 et après grillage, fer 66,27.

Au-dessous de cette formation, se trouvent des couches épaisses, massives, homogènes, formées par une argile brune très siliceuse, enveloppant un minerai hématite qui se divise avec la plus grande facilité en fragments anguleux assez durs ; chaque joint est caractérisé par des irisations verdâtres caractéristiques. Il contient : fer 53,21, silice 7,04, phosphore 0,220 ; il est donc très phosphoreux. Son épaisseur, reconnue par un puisard, dépasse 13 mètres et atteindrait 20 mètres. C'est sur ce banc que travaillaient de préférence les anciens.

***

A la ligne d'affleurements ferrifères que nous venons de décrire peuvent être rattachés un certain nombre de gisements plus au Nord, reposant sur l'anticlinal précambrien et paraissant constituer soit des lambeaux de couches siluriennes respectées par l'érosion qui a abrasé la voute surbaissée de l'anticlinal précambrien, soit des produits de remaniement des minerais siluriens en place plus au Sud.

Tels sont, de l'Est à l'Ouest, les gisements de la Ferrière, Cne de Contigné (Maine-et-Loire), où le comte d'Anjou faisait exploiter en 1050 une minière et des forges, puis entre Saint-Sauveur-de-Flée et Chemazé, ceux des Grandes et Petites Forges et de Bourg Philippe ; enfin dans la région du Sud de Rennes, ceux de Pontpéan (Cne de Saint-Erblon et de Chartres. Ces derniers se trouvent dans les dépôts d'âge miocène et pliocène formés dans le chenal du méridien de Rennes suivant lequel la mer a envahi la Bretagne à l'époque oligocène, comme nous l'avons dit.

§ II. — **Bord Sud du Synclinal (n° 10) de Chateauneuf-sur-Sarthe, Renazé, Martigné-Ferchaud, Poligné.**

1° *Concession de Champigné.* — Des affleurements de minerai de fer sont visibles notamment au village du Rocher, dans le chemin creux de Champigné à Cherré, dans la tranchée de la route de Sablé à 400 mètres au nord de Champigné.

Les fouilles ont révélé un gisement irrégulier, mais abondant ; elles ont consisté en tranchées à ciel ouvert plus ou moins profondes et différents puits dont le plus profond, le puits Saint-Mathurin, a 33 mètres de profondeur.

Les travaux ont trouvé jusqu'à 10 couches de puissance et de richesse très variables, formés de fer oxydulé en profondeur, d'oligiste en surface. Les couches sont très plates dans la région Ouest de la concession où se ferme le synclinal.

Par exemple, au Nord de Champigné, on a trouvé les affleurements en oligiste pauvre de 8 couches ; elles ont du N. au

S. des puissances de 4m80, 1m20, 0m60, 1m70, 3m60, 3m40, 0m50, 2m et sont séparées par des intervalles de 3m, 8m, 32m, 34m, 16m, 9m et 220m.

Aucun travail d'exploitation proprement dit n'a jamais été fait ; les recherches sont abandonnées depuis 20 ans.

***

2° *Concession de la Jaille-Yvon.* — Le minerai se suit pauvre et de faible puissance jusqu'à Chenillé-Changé où il passe sous l'église ; sur ce trajet, au château des Briottières et dans le bois de la Chapelle existent des excavations anciennes et des scories.

***

3° *Entre la concession de la Jaille-Yvon et celle de la Ferrière.* — Plus à l'Ouest jusqu'au chemin de fer de Segré à Châteaugontier, on ne trouve plus d'affleurements importants.

***

4° *Concession de la Ferrière.* — De ce chemin de fer jusqu'au delà de la forêt de Lourzais, le bord Sud du synclinal devient très compliqué.

D'abord un petit synclinal s'accole au Sud du synclinal principal ; son centre est marqué par une étroite bande de schistes d'Angers, longue de 6 kilomètres 1/2, qui suit le coude l'Oudon au Nord de Nyoiseau et se termine au delà de l'Oudon au N.-O. de Bouillé-Ménard.

Les couches doivent donc affleurer 3 fois du Nord au Sud dans cette région.

Les *affleurements septentrionaux* doivent plonger vers le Nord sous le synclinal principal ; ils sont peu nets.

Les *affleurements intermédiaires* doivent plonger vers le Sud sous le petit synclinal accessoire. Ils sont jalonnés comme suit :

D'abord, à 270 mètres à l'ouest de la Maison Neuve, habitation construite à l'embranchement des routes de l'Hotellerie, Segré et la Ferrière, une tranchée et un puits de 5 mètres ont découvert 2 couches de minerai oligiste de 0m80 et 1m50 séparées par un banc stérile de 1 mètre, inclinées de 40° vers le Sud.

Au Sud-Ouest de la cour de la ferme des Landes, l'affleurement de la couche s'est replié à plat, formant une couche de 3 mètres d'hématite brune.

A proximité du village des Brunellières, une tranchée après avoir suivi l'épanchement superficiel du minerai, a fini par retrouver la couche qui a été étudiée par un petit puits ; elle est formée de magnétite et a une puissance de 4m45 séparée par un banc de quartzite de 0m80 ; elle plonge vers le Sud sous un angle de 45°.

Au Sud de la ferme de Charmont et au Nord du coude de l'Oudon vers le N.-O. dont nous avons parlé, sur le sommet du plateau, on voit plusieurs champs profondément ravinés par des travaux anciens sur les affleurements et couverts de scories. Des tranchées et des petits puits au sommet du coteau, un grand travers-banc de 130 m. au niveau des plus hautes eaux de l'Oudon permirent

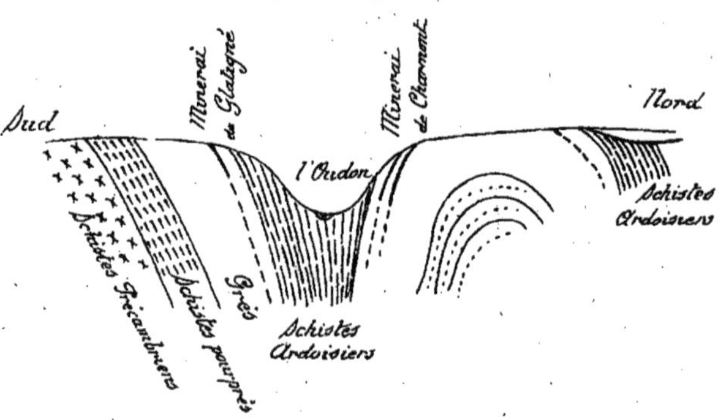

de constater l'existence de 3 couches, dont le pendage vers le Sud s'accentue en profondeur pour atteindre 45° au niveau du travers-banc ; elles sont encaissées dans les quartzites. La couche du Sud a de 3 m. 50 à 5 mètres de puissance, partagée par un petit banc de quartzite ; le minerai est du fer oxydulé riche, très dur très homogène (densité 3,7) ; il passe à l'oligiste en surface. La couche Nord se trouve à 40 mètres plus au Nord, cette distance étant mesurée normalement aux bancs ; elle a 3 mètres de puissance et elle est formée de magnétite. Entre les deux, à 7 ou 8 mètres au Nord de la couche Sud, se trouvent deux petites veines de magnétite de 7 à 8 mètres de puissance.

Lorsque la mise en exploitation de la concession de la Ferrière fut décidée en 1908, pour compléter les approvisionnements en minerai des hauts-fourneaux de Trignac, à la suite des essais favorables effectués avec celui de l'Oudon, c'est à Charmont que l'on décida de placer le siège d'extraction. On commença sur le sommet du coteau le fonçage d'un puits de 200 mètres, devant rejoindre la couche au moyen de travers-bancs ; ce puits qui a 3 m. 75 de diamètre est actuellement à 100 mètres environ et son fonçage continue.

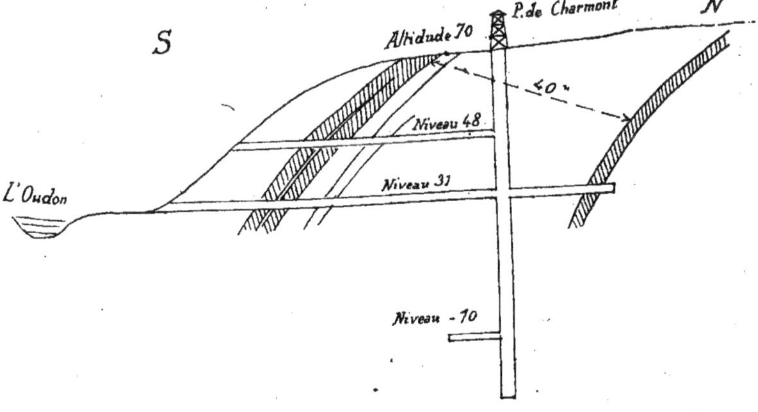

Le croquis ci-contre donne la disposition des travaux. La couche Sud est seule exploitée. Des galeries en direction y sont tracées sur 1.000 mètres de long au niveau 48 et sur 800 mètres de long au niveau 31. Des montages réunissent les galeries en direction tous les 50 mètres environ. Le dépilage se fait par gradins chassants et remblayage, le remblai étant amené de la carrière située à flanc de côteau aux chantiers d'abatage par les travers-bancs et les montages.

Il a été employé en 1911 108 ouvriers de fond et 55 de jour, dont le salaire moyen a été de 4 fr. 94 et 3 fr. 72.

Une station centrale fournit l'énergie électrique nécessaire pour actionner les compresseurs d'air alimentant les perforateurs mécaniques (100 HP), le treuil d'extraction électrique (70 HP) et les pompes électriques.

Le minerai est évacué par un transporteur aérien de 3.700 mètres, aboutissant à un raccordement en pleine voie, près de la gare de la Ferrière de Flée et débitant 32 à 40 tonnes par heure. Les bennes se déversent dans 4 trémies pouvant contenir 200 tonnes de minerai et servant à opérer directement le chargement en wagons de 40 tonnes.

L'allure de la couche est régulière dans son ensemble, malgré quelques petits rejets de peu d'importance.

La production est de 200 tonnes par jour et va augmenter progressivement pour atteindre 400, puis 500 tonnes, soit 150.000 tonnes par an.

L'analyse du minerai sur 55.478 tonnes comprenant le minerai des recherches et le minerai livré aux hauts-fourneaux de Trignac jusqu'au 30 juin 1911 a donné :

SiO^2	Al^2O^3	CaO	Fe	P	S
19,69	5,08	1,81	47,32	0,821	0,057

L'analyse moyenne de l'exploitation actuelle est :

SiO^2	Fer	P	S
17,5	48,6	0,85	0,01

Jusqu'à la traversée de l'Oudon, le grès armoricain présente de nombreuses traces d'affleurements. Des tranchées et des petits puits y ont établi la continuité des couches de Charmont ; notamment au Sud de la Tarinais, une couche de 2 mètres de magnétite, plongeant vers le Sud, a été constatée.

A l'ouest de l'Oudon, jusqu'à Pinceloup, les grès armoricains se suivent sans interruption, mais les traces de minerai sont assez rares ; cependant, les affleurements au Sud de la Haute-Forest et au S.O. de la Guertais établissent le prolongement des couches.

***

Le *bord Sud du synclinal secondaire* est jalonné par des affleurements, notamment au Sud du village de la Boivinière et sur le chemin qui va de Glatigné à la route de Segré à la Ferrière. En ce dernier point, des tranchées et petits puits ont permis de recouper la formation à 8 et 21 mètres de profondeur. 3 couches d'oligiste ont été rencontrées dans des bancs de quartzites, très aquifères, séparés par des lits d'argile et de schiste jaunâtre ; savoir du Nord au Sud, une couche de 1 m. 20 à 2 mètres, puis un banc de quartzite de 2 à 3 mètres de puissance, puis deux couches ayant respectivement 0,30 à 0,60 et 0,75 à 1 mètre séparées par un banc de quartzite de 0,65 de puissance.

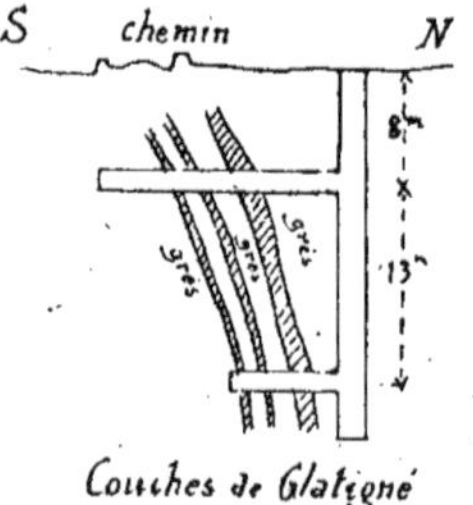

Couches de Glatigné

La Société des Mines de Fer de Segré, propriétaire de la concession de la Ferrière a l'intention de foncer plus tard un puits d'extraction à Glatigné pour mettre en valeur le versant Sud du synclinal secondaire.

***

5° *De Bouillé-Ménard à la Forêt de Lourzais. Recherches.* — A l'Ouest de la route de Bouillé-Ménard aux Châtelais, le petit synclinal accessoire disparaît après s'être fermé, mais une autre complication se produit, car un anticlinal secondaire apparaît au centre du synclinal, du Châtelais à la forêt de Lourzais. Le synclinal se dédouble donc sur ce parcours.

Sur la bande de grès armoricain *du Châtelais à la Forêt de Lourzais*, les couches de fer ne sont pas connues et n'ont pas été recherchées.

Sur la bande Sud, on connaît le prolongement des couches de Glatigné et de Charmont.

Dès 1873, la Société de Fourchambault, MM. Boignes, Dambourg et Cie, avaient exécuté des travaux de recherches en vue de retrouver le prolongement du gisement de la Ferrière. Elle avait demandé la concession de Champiré et de Grugé-l'Hôpital qui fut refusée.

Voici ce qu'on connaissait du gisement à ce moment :

Près de la ferme de Pinceloup, on a trouvé une série d'anciens travaux avec des scories à profusion. Une tranchée prolongée par un travers-bancs, a traversé 11 couches ou filets de minerai donnant une épaisseur totale de 6 m. 95, savoir, du Nord au Sud :

0 m. 15 de minerai oligiste friable
0,80 —
0,40 —
0,35 —

répartis sur 5 mètres, puis, après 37 mètres de quartzite et répartis sur 10 mètres :

0,20 de minerai bleu (oligiste).
2 m. minerai brun jaune (magnétite).
0,60 minerai bleu (riche et oligiste).
0,55 —
0,90 minerai peu homogène.
0,10 couche irrégulière.
0,90 minerai bleu (riche et oligiste).

Les couches sont nombreuses, mais beaucoup ont peu de valeur ; les bancs sont presque verticaux avec pendage Sud ; entre les couches, on traverse des grès, des quartzites, des schistes friables passant à des argiles de toutes couleurs.

A 800 mètres à l'Est de la route de Bouillé-Ménard à Renazé, le puits Gabillard a rencontré à 13 mètres de profondeur une couche de magnétite très riche (52 o/o), encaissée dans des grès et quartzite durs, de 2 m. 30 de puissance et presque verticale.

Près du moulin de Champiré, existent des affleurements.

Au Nord du petit bois de la Reparais, on trouve des vieilles fouilles, accompagnées de monceaux de scories. Un puits foncé à 20 m. s'est maintenu dans une couche presque verticale de 1m80 de puissance, divisée en deux par un banc de quartzite de 0,30. Elle est formée d'oligiste ayant l'aspect d'un micaschiste et tenant plus de 50 o/o de fer. Au voisinage, on a reconnu les affleurements de 6 couches de minerai ayant en moyenne 0 m. 80 de puissance.

Les vieux travaux se poursuivent à travers le bois de Saint-Gilles jusqu'à la Fauchetiere ; plus à l'Ouest, on voit des affleurements entre la Fauchetière et le moulin des Landes et au Sud de celui-ci. Au Sud de la forêt de Lourzais, près de la ferme des Ecrennes et à l'Ouest de la grande route de Pouancé à Renazé, on trouve les vestiges d'une très ancienne exploitation, remontant avant 1150. Cette minière devait alimenter les nombreuses forges dont on trouve les scories jusqu'auprès de Renazé.

La campagne des recherches qui a commencé en 1907, a eu pour effet de faire reprendre ces recherches.

En 1910, MM. J. Bernard, Mathieu Goudchaux et Cie ont foncé un nouveau puits, près de l'ancien puits Gabillard ; ils l'ont descendu à 24 m. 90. Un travers-banc Nord, pris à 22 m. 90 de profondeur a recoupé à 4 m. 50 du puits une couche de minerai sensiblement verticale de 3 m. 50 d'épaisseur ; cette couche a été suivie en direction sur 23 m. 50 à l'Ouest et sur 17 m. à l'Est ; des petites recoupes et des montages dans la couche ont permis de reconnaître que sa puissance se maintient dans la partie reconnue entre 3 mètres et 3 m. 50. Des tranchées ont été faites également à la Roberdrie et à la Fauchetière. MM. Bernard, Goudchaux et Cie (Société des Mines de Segré), ont demandé une concession qui prendrait le nom de Champiré et Grugé-l'Hôpital et ferait suite vers l'Ouest à la concession de la Ferrière.

La Société de Fourchambault dont la demande de 1873 avait été évincée a, de son côté renouvelé cette demande en concurrence avec les précédentes.

***

Plus à l'ouest, le puits de la Reparais a été repris par M. Bodard pour la Société d'exploitation minière et industrielle, 21, rue de Provence, Paris, et un puits a été foncé au Moulin des Landes par M. Capitain-Gény. Deux demandes concurrentes ont été présentées en vue d'une concession qui prolongerait celle de Grugé-l'Hôpital.

Dans la région de la forêt de Lourzais des recherches sont poursuivies depuis environ 1 an, notamment aux Ecrennes par M. de Montault qui a présenté une demande en concession.

Les résultats des recherches ne sont pas publiés ; il n'est pas douteux que l'on trouve des formations de minerai atteignant 3 à 5 mètres, en plusieurs bancs, presque verticaux, comme à l'Est.

***

6° De la Forêt de Lourzais à la région d'Ercé. — A l'Ouest de la forêt de Lourzais, les affleurements de minerai disparaissent comme ils l'ont fait sur le bord Nord du synclinal.

Ce n'est qu'avec peu de précision qu'on peut en indiquer dans la forêt d'Araize (Saint-Morand) et au N. de la forêt de Javardon.

La Société de recherches minières de l'Ouest a entrepris cependant à la fin de 1911 des travaux dans cette région et a déjà demandé une concession dans la région située au Sud de Senonnes, au nom d'un de ses membres, M. Buffet, de Nancy.

Le succès de ces recherches paraît plus problématique que les précédentes en raison de la pauvreté des affleurements. Il est vrai que toute cette région est recouverte d'un manteau de terres et produits d'érosion atteignant presque 7 et 8 mètres, ce qui peut expliquer la disparition du minerai en surface, mais ce qui rend aussi les recherches fort difficiles et coûteuses.

***

7° *De la région d'Ercé à Bain de Bretagne.* — Entre Ercé et Bain-de-Bretagne, la Compagnie minière armoricaine et la Société Nantaise des minerais de l'Ouest aujourd'hui fondues sous le nom de Société Générale des Mines de Fer de Bretagne, ont entrepris des recherches poursuivies pendant les deux dernières années.

Le minerai affleure largement dans la région de la Croix du Châtaignier et de la Motte de Vaux, sous forme de minerai hydraté en rognons.

Il affleure également à l'Ouest d'Ercé, de Caillebœuf à la Robinais, suivant plusieurs lignes avec pendages inverses qui font supposer l'existence de petits synclinaux secondaires ; la voûte de l'anticlinal de grès armoricain serait ondulée comme il a été déjà expliqué.

Dans cette région, la Société Nantaise a mis à jour près de la ferme de la Guérinais, une couche en 3 bancs, dont le minerai, après triage, aurait donné (d'après l'*Information)* : Fer 59, Silice 9, Phosphore 0,25.

Plus à l'Ouest, aux Pierres Grises, la Compagnie Minière Armoricaine a exécuté une descenderie en couche, destinée à reconnaître et à exploiter cette couche.

Enfin, à la Robinais, une minière est exploitée par la Société des Mines de Vendée et se trouve sur l'affleurement même de la formation ferrugineuse qui atteint 3 à 5 mètres de puissance.

***

8° *A l'Ouest de Bain-de-Bretagne.* — Plus à l'ouest, il ne semble pas y avoir de recherches en cours. Pourtant divers auteurs ont signalé des affleurements à Saint-Saturnin, la Renoulais et surtout au Plessis-Bardoul (lande de Bagaron).

La lande de Bagaron, était autrefois couverte par une forêt qui abritait de nombreuses forges à bras ; un haut fourneau existait au Plessis-Bardoul en 1828, qui s'alimentait à la minière dite de Pléchatel ou de la Renoulais, située à 5 kilomètres du Sud du Bourg.

A l'Ouest de la Vilaine, se trouve le gisement de Coëtquidam qui a déjà été décrit et qui est d'un âge géologique différent.

§ 3. Bord Nord du Synclinal (n° 11) de Segré, Pouancé, Rougé, Noyal, St-Sulpice, St-Ganton

Le synclinal de Segré, plus court que le précédent, s'étend en ligne droite, d'une façon très régulière, de la Chapelle-sur Oudon, à l'Est de Segré, jusqu'à la Vilaine, à la hauteur de Saint-Ganton (Morbihan), soit sur environ 80 km. Comme dans les autres synclinaux, son fond est relevé vers les deux extrémités Est et Ouest, tandis qu'il est le plus profond au centre, à la traversée de la gouttière tectonique archéenne du méridien de Rennes, dont nous avons expliqué le rôle important en commençant cette étude. C'est ce qui explique que les grès armoricains des bords du synclinal aient pu échapper à l'érosion entre la forêt d'Araize et les landes d'Ercé sur l'anticlinal du Nord et entre Ruffigné-Saint-Aubin-des-Châteaux et Saint-Ganton, sur l'anticlinal du Sud.

Le synclinal de Segré apparaît le plus riche de tous et il est le moins mal connu.

A l'extrémité Ouest, dans les concessions des Aulnais, de l'Oudon, du Bois et de l'Ombrée, il existe 4 niveaux ferrifères : A (1 à 2 mètres) au contact des schistes à Calymènes et au-dessous, séparés par des intervalles variant de 40 à 100 mètres : B (5 mètres et plus), (C 2 à 4 mètres, D (1 à 2 mètres). Chaque niveau est souvent formé de plusieurs bancs, dont certains sont exploitables.

Le minerai est caractérisé par une gangue de couleur vert noirâtre, riche en chlorite, enveloppant de la magnétite ou de l'oligiste, ou un melange des deux espèces. Le minerai formé d'oligiste s'altère difficilement au voisinage du sol, tel celui des couches bleues de la concession du Bois ; le minerai formé de magnétite et de chlorite se transforme au contraire au voisinage de la surface, d'abord en hématite, puis en limonite.

Le bord Nord du Synclinal traverse la concession des Aulnais, le Nord de la concession de l'Ombrée, puis passe au Sud de la forêt d'Araize et de la forêt de Javardon, où les affleurements de minerai sont rares, se développe dans la région de Teillay, où existent de nombreux épanchements superficiels exploités en minières, et se poursuit jusqu'au-delà de la Vilaine.

A l'Est, le grès armoricain est très visible du Haut-Pineau, au N.-E. de Segré, jusqu'à Chazé-Henri, sur plus de 20 km, sauf entre l'Oudon et Braige, où il est recouvert par des alluvions ; il n'a jamais plus de 300 mètres d'épaisseur. Il traverse la concession des Aulnais sur environ 15 km de long et le Nord de celle de l'Ombrée sur environ 5 km de long.

∴

1° *Concession des Aulnais.* — Dans la concession des Aulnais, les affleurements de minerai sont d'une continuité et d'une régularité remarquables et jalonnés par des anciens travaux superficiels.

Les couches de minerai, qui sont au nombre de 3 principales, dont une de 2m, et dont le pendage est d'environ 80° vers le Sud, ont été reconnues au moment des recherches de 1874 par des tranchées et puits, dont deux principaux placés à l'Est de la concession et près de Segré.

Les résultats de ces recherches sont résumés ci-après :

A l'Est de la ferme du Haut-Pineau, les quarzites ont une très faible épaisseur. Du Haut-Pineau à Eventard, ils ont 150m de puissance. Des traces d'exploitations anciennes sont très visibles, notamment près du moulin du Pigeon-Blanc.

Des tranchées faites au Haut-Pineau, au Pigeon-Blanc, à Gilier, à Eventard et sur la rive droite de l'Oudon, ont établi l'existence de deux couches voisines de minerai magnétique très dense.

Aux Aulnais, à l'Ouest du moulin du Pigeon-Blanc, au point où finissent les excavations anciennes, une tranchée a fait reconnaître une couche Nord de 2m 10 et une couche Sud de 0m 50, séparées par un mètre de quartzite. Un puits a été foncé à 13m dans la couche Nord sans cesser d'y rester ; un travers banc a traversé la couche de quartzite intermédiaire, épaisse seulement de 0m 50 à cette profondeur et a retrouvé la couche Sud, épaisse de 0m 50.

Les bancs plongent vers le Sud, à 85°.

Le minerai est gris verdâtre, à cassure ternes peu dure, donnant une trace noire avec quelques parties rouges, magnétipolaire, densité 4,34.

Plus à l'Ouest, à Eventard, près de l'Oudon, à 1.200m des Aulnais, une tranchée et un puits 12m, ont trouvé dans les quartzites du Nord au Sud :

3 petites couches inexploitables, de 0m 45, 0m 40, 0m 30 ;

1 couche de 1m 80 et 1 couche de 0m 70, séparées par 0m 85 de quarzites et toutes deux exploitables ;

1 petite couche de 0m 35 inexploitable.

Le minerai y est formé de grains de magnétite réunis par une gangue verdâtre ou jaune. Quelquefois, le minerai semble massif, mais la cassure en est toujours grenue et terne, la dureté et la ténacité très grande, la rayure noire. Densité 4,54. Comme aux Aulnais, les couches se détachent nettement de leurs époutes et en sont mêmes séparées par une salbande argileuse.

Du Nord de Maisonneuve à Braige, on ne voit plus les affleurements, cachés par des alluvions épaisses.

Mais à l'Ouest de Braige, on retrouve des excavations anciennes alignées, dont quelques-unes ont une importance telle qu'elles sont figurées sur la carte d'Etat-Major, comme celles qui avoisinent le village de la Chapelle-aux-Pies. Elles ne sont pas alignées suivant une ligne continue, mais suivant des tronçons de ligne disloquée. Les principaux centres de travaux anciens sont, en allant de l'Est à l'Ouest : entre la Bondrairie et la Martinais, au Sud de la Haute-Guibière et dans le bois de la Bénastrie, dans le bois de la Dardenaie et ses environs, à l'Ouest du village de la Chapelle-aux-Pies et de la ferme de la Minière. A proximité, on trouve de nombreux monceaux de scories.

∴

Les travaux qui avaient été abandonnés après l'institution de la concession, ont été repris en 1911. Un travers banc a recoupé du Sud au Nord 3 couches A, B, C, séparées par des intervalles de 20 à 30m et de 50m, et d'une puissance respective de 1^m 50, 1^m 50 et 2^m. Les couches A et B donnent du minerai oxydulé tenant environ 50 o/o de fer et de 16 à 17 de silice ; la couche A est particulièrement riche en chaux (5 à 6 o/o) ; la couche C est pauvre (35 o/o de fer, 30 o/o de silice. Des galeries en direction suivent les couches A et B. On a commencé le fonçage de deux puits à grande profondeur (200 à 300^m), qui seront placés près des affleurements et serviront d'une part à reconnaître les couches au moyen de travers bancs, d'autre part, à l'exploitation intensive au moyen d'installations mécaniques appropriées. Les produits seront amenés par transporteur aérien sur la voie normale de raccordement desservant la concession du Bois.

Le programme de la Société des Mines de Segré prévoit que la concession des Aulnais pourra débiter 300.000 à 500.000 tonnes par an dans 5 ou 6 ans.

⁂

2° *Concession de l'Ombrée.* — Les affleurements se suivent à l'Ouest de Bourg-l'Evêque, dans la concession de l'Ombrée. Ils sont jalonnés par des vieux travaux dans la forêt de l'Ombrée, aux Guiberderies, à proximité desquels on trouve des monceaux de scories, notamment au Nord de la forêt de l'Ombrée et au Sud de Grugé-l'Hôpital.

Des fouilles avaient été faites vers 1875, par petits puits ou par des tranchées de

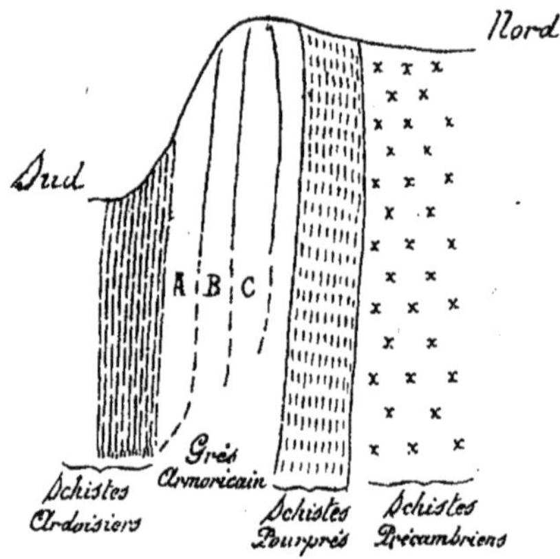

peu de profondeur et avaient toujours rencontré à proximité des vieux travaux les couches en place, sous forme d'oligiste bleuâtre et tendre.

Deux Compagnies, qui exploitaient les ardoisières de Misengrain et de la Forêt, ont repris ces recherches et ont sollicité la concession de l'Ombrée, qui a été accordée le 23 avril 1910.

Ces recherches ont établi l'existence de 3 couches A. B. C ; les couches A et C ont 3 mètres de puissance, et même plus ; la couche B a également 3 mètres de puissance, mais elle est coupée de bancs de grès, qui réduisent la puissance utile ; les couches A et B ont seules été étudiées en profondeur, par trois puits d'une trentaine de mètres, qui sont : de l'Est à l'Ouest, le puits de la coupe n° 4 de la forêt de l'Ombrée, le puits Balé et le puits des Minières.

La qualité du minerai n'est pas régulière, et les stocks de minerai sortis des couches A et B pendant les recherches, donneraient une moyenne peu brillante ; mais avec un triage facile, la richesse atteint 50 o/o de fer et, exceptionnellement, 62 o/o.

La mise en valeur de cette concession n'est pas encore commencée, par suite de la pénurie de main-d'œuvre.

⁂

3° *Du Bourg-l'Evêque à Fercé.* — A l'Ouest de la concession de l'Ombrée, et jusqu'au Nord de Rougé, le minerai devient assez rare en surface. Comme dans le synclinal précédent, les morts-terrains ont une épaisseur très considérable et masquent presque complètement les affleurements.

Cependant, de vieux travaux, accompagnés de scories anciennes, existent aux environs de Chazé-Henry, notamment à l'Ouest, dans le parc du château de la Cour, et des traces de couches ferrugineuses se retrouvent dans la tranchée du chemin de fer et jusqu'à 2 km de cette tranchée.

Ils ont été le point de départ de travaux de recherches entrepris en 1911 dans cette région, par M. Capitain Gény, à la Mazuraie, et M. de Montault, à la Malonnaie.

Au Sud de la forêt d'Araize, des recherches ont été récemment commencées par la Société des Recherches minières de l'Ouest, qui vient de demander une concession au nom de M. Marcellot.

Le seul indice superficiel de l'existence de minerai consiste en une série d'excavations en ligne droite, alignées sur 100 à 150 mètres, entre les villages de Ballan et de la Jumelière, à 1.200 mètres à l'Est de Villepot. Cette minière a servi pendant 30 ans, au XVIIIe siècle, à l'alimentation de la forge de Martigné-Ferchaud. Un morceau de minerai venant de la profondeur, et recueilli par M. Davy, a donné à l'analyse : fer 58,29, silice 11,50.

Au Sud de la forêt de Javardon, des recherches ont été commencées récemment, par la même Société des Recherches minières de l'Ouest.

∴

4° *Au Nord de Rougé.* — Entre la forêt de Javardon et la coupure que la Brutz se fraie dans le grès armoricain, les affleurements redeviennent très nets et forment plusieurs bandes, paraissant indiquer qu'avant la plongée sous le synclinal méridional, le niveau ferrifère dessine une ondulation.

A hauteur du hameau du Rocher, on a, en effet, 3 affleurements : d'abord, dans le taillis de la Garenne, on voit une ligne longue de plus de 100 mètres de travaux, faits à une date inconnue, sur une couche d'environ 3 mètres de puissance, pendant de 30 à 45° vers le Sud et accompagnés de scories ; puis, à quelques centaines de mètres au Sud, sur la lisière du bois, on trouve des traces parallèles, mais

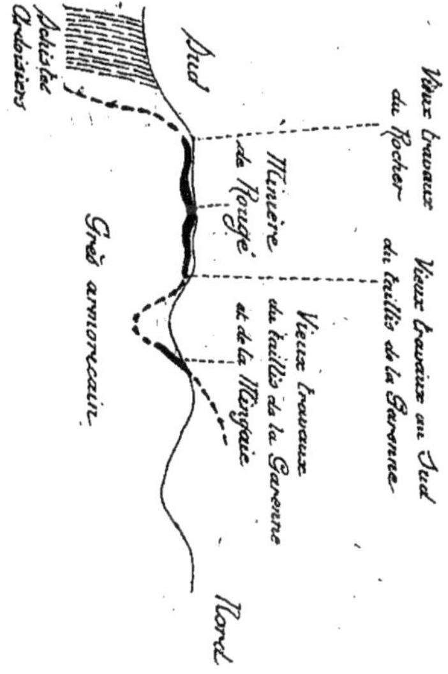

moins évidentes, qui semblent porter sur une couche pendant au Nord ; en face, des traces d'anciens travaux se voient près du hameau du Rocher.

Plus près de la Brutz, on trouve, sur le prolongement des vieux travaux du bois de la Garenne, des vieux travaux peu nets à la Mingaie, où une minière vient d'être commencée et où la Société Nantaise a creusé un puits de recherches et, plus au Sud, l'importante minière de Rougé, qui semble porter sur la partie plate de la couche, immédiatement au Nord de la grande plongée, sous le grand synclinal de Rougé.

La minière de Rougé, située à 3 km au Nord du bourg, est exploitée depuis une antiquité reculée. M. Davy y a vu un puits d'une douzaine de mètres de profondeur muraillé avec soin, aboutissant à des galeries d'exploitation qui rayonnaient dans toutes les directions. La ferme voisine de la Minière est bâtie sur l'emplacement d'un château féodal du même nom, dont il ne reste plus que les traces d'une tour et dont l'origine est antérieure au XIIe siècle. Des scories se retrouvent aux environs.

Au siècle dernier, la minière de Rougé alimentait les forges de Martigné-Ferchaud, la Previère, près de Pouancé, Moisdon, la Hunaudière, jusqu'à la fermeture de celle-ci.

L'exploitation, reprise depuis 1899, d'abord par une Société Nantaise, puis par M. de Poorter, pour l'exportation en Allemagne, a produit :

1900 et 1901........	22.000	tonnes
1907........	26.000	—
1908........	5.000	—
1909........	23.000	—
1910........	28.000	—
1911........	11.000	—

Sous une couche de terre, d'argile et de sable argileux variant de quelques décimètres à plusieurs mètres, le minerai atteint jusque 22 mètres de puissance et repose sur des glaises. Disloqué en rognons à la partie supérieure, il est très compacte dès la profondeur de 3 ou 4 mètres. C'est une hématite brun foncé, où on ne reconnaît souvent aucune stratification, ou bien qui se présente parfois en petits bancs horizontaux, découpés verticalement par de nombreux délits en tous sens, remplis d'un enduit noir intense, velouté, souvent irisé ; on y voit souvent des cavités dont le volume varie de quelques c^{m3} à plusieurs m^3, tapissées comme les délits de concrétions en hématite presque noire. Cette disposition indique que le minerai a été brisé et ressoudé à la faveur de remises en mouvement intenses par les eaux, ce qui expliquerait l'épaisseur anormale de la formation.

La surface sur laquelle est reconnu le minerai superficiel atteint 700^m de l'Est à l'Ouest, sur 400^m du Nord au Sud, soit environ 30 hectares, au sommet d'un coteau légèrement incliné vers le Sud-Ouest. Le sol est de toute part bouleversé par les exploitations qui se sont succédées et dont l'irrégularité a amené un certain gaspillage du gite.

Actuellement, l'exploitation poursuivie par M. de Poorter occupe une soixantaine d'ouvriers qui produisent 100 à 120 t. par jour. Une voie ferrée de 0 m. 60 relie la minière à un port sec situé à 2 km. sur la ligne de Châteaubriant à Messac.

Le minerai extrait tient 42 à 49 o/o de fer, 23 à 12 o/o de silice, et environ 6 o/o d'alumine et perd 11 o/o au feu ; la teneur en silice devient si grande en certaines régions du gite que le minerai n'est plus qu'un grès ferrugineux inexploitable ; ces régions forment des ilots irréguliers au milieu du sol abaissé des parties exploitées qui les entourent et que l'on a quelquefois rendues à la culture.

∴

5° *Région de Teillay.* — Immédiatement à l'ouest de la vallée de la Brutz, il semble comme à l'Est, que le grès armoricain dessine un petit pli avant de plonger sous les schistes ardoisiers méridionaux. Au Nord du contact des schistes et du grès, on trouve, en effet, une vallée assez profonde qui paraît correspondre au fond de ce pli, puis au Nord de cette vallée, un relief plus accentué. Sur celui-ci, il existe des vieux travaux, notamment à Launay, à la Cour-Collin et au Nord de Malaunay ; la Société Nantaise y fait des recherches.

Près du contact des grès et des schistes, l'affleurement du minerai se suit d'une façon à peu près continue jusqu'à Cropé, jalonné d'anciens travaux et de minières modernes ; il a été étudié par les recherches de la Compagnie minière armoricaine et de la Société Nantaise des Minerais de l'Ouest, aujourd'hui fondues sous le nom de Société générale des Mines de fer de Bretagne.

De la Chapelle à la Thébaudais, en passant par la Ploutière, la Compagnie minière armoricaine a exécuté des recherches à flanc de coteau et reconnu, sur plusieurs kilomètres, un affleurement continu jalonné par des travaux anciens ; elle y a ouvert quelques minières qui font voir le minerai de fer sous la terre végétale argileuse et sur une épaisseur d'environ 3 mètres ; les strates de minerai, séparées par des assises irrégulières argileuses, sont notablement inclinées vers le Sud, quelquefois presque verticales, indiquant la proximité du plongement sous les schistes à Calymènes. Le minerai superficiel est brun violacé et semble siliceux.

L'affleurement se poursuit au-delà de la ligne de Châteaubriant à Ploërmel, près de laquelle M. de Poorter exploite la minière de la Forêt. Celle-ci est située sur l'affleurement d'une couche de minerai, qui, presque plate dans la région exploitée, s'incline de plus en plus au Sud en s'enfonçant sous des glaises et éboulis; l'embranchement particulier qui dessert l'exploitation est établi en tranchée dans cette partie inclinée et le pendage dans la tranchée est d'environ 45°. Le minerai, disloqué à la partie supérieure, se présente en bancs rocheux dès une faible profondeur, de sorte que la perforation mécanique et les explosifs sont employés pour l'abattage. L'épaisseur de minerai atteint 5 à 6 mètres ; la teneur moyenne est de 43 o/o de fer. L'exploitation occupe environ 125 ouvriers qui produisent 200 à 250 tonnes par jour.

Les affleurements contournent au Nord le bourg de Teillay et sont exploités dans plusieurs minières avoisinant le bourg et occupant chacune 10 à 40 ouvriers (minières de Saint-Malo à la Compagnie minière armoricaine, de Chenaievron, du Champ-Gicquaud à M. de Poorter, de la Chenaie-Avril et de Maubusson à la Société Nantaise, etc...)

Il y avait déjà autrefois à Maubusson des minières exploitées pour la forge de la Hunaudière. La couverture superficielle de terre et d'argile n'a pas 1m50 et l'épaisseur du minerai est de 3 à 6 m.; généralement en rognons, de plus en plus gros en profondeur. Une analyse sur un échantillon courant a donné : Fer 48,21, Silice 15,12, Phosphore 0,924.

Le minerai est de bonne qualité à proximité du bourg ; il devient siliceux quand on approche de Maubusson.

Ces minières paraissent se trouver sur l'affleurement du niveau ferrifère, replié à plat et légèrement ondulé, transformé en rognons sur une grande partie de sa surface.

∴

6° *Région de Cropé.* — L'affleurement se prolonge vers l'Ouest, mais en devenant siliceux et on arrive à la région de Cropé où se trouvent des affleurements importants et exploitables.

A 5 km. 1/2 à l'Ouest du bourg de Teillay, au S.-O. du village de Cropé, se trouve, en effet, une colline, couverte, d'un côté, de bois et d'excavations très anciennes, et de l'autre côté, du côté de Cropé, d'excavations laissées par des minières plus récentes exploitées par les forges de Port-Brillet (1878-1885), puis par M. de Poorter, vers 1905 (5 mètres de minerai).

Les travaux les plus anciens ont été repris récemment et deux importantes minières sont en pleine activité, l'une à la Société Nantaise, l'autre à M. de Poorter ; elles sont situées à la Molière, tout près l'une de l'autre.

Le minerai s'y présente nettement stratifié horizontalement, sur une épaisseur de 9 mètres ; sous 1 mètre de terre végétale, il devient de plus en plus compact et de plus en plus siliceux vers le fond et la partie supérieure est seule exploitable (6 m. environ).

Tout récemment, en poussant l'exploitation au Sud dans la minière de M. de Poorter, on a constaté que les bancs se courbaient brusquement vers le Sud, puis plongeaient presque verticalement. Les minières de Cropé portent donc certainement sur l'affleurement d'une couche, repliée à plat et sont un peu au nord de la plongée de la couche sous les schistes à Calymènes.

L'exploitation de la Société Nantaise a 100 mètres de développement ; le fond de la minière est relié à la surface par un plan incliné avec treuil électrique ; une pompe centrifuge maintient à sec le fond de la minière ; ces machines sont actionnées électriquement, grâce à un gazogène et un moteur à gaz pauvre Winthertbur. Le minerai est conduit par une voie de 0m60, longue de 1.200 mètres au port sec de la Croix-Brault, d'où la Société Nantaise compte expédier 400 tonnes par jour.

L'exploitation de M. de Poorter est moins importante ; environ 25 ouvriers y extraient 40 tonnes par jour ; un Decauville la relie à la route d'où les minerais sont charroyés à la gare d'Ercé-Teillay, située à 4 km.

∴

La région de Teillay et de Cropé que nous venons de décrire est remarquable par le nombre et l'importance des minières qu'elle renferme. On en aura une idée quand nous aurons dit qu'en 1911, la Société Nantaise a expédié par son embranchement de la Croix-Brault et la gare d'Ercé-Teillay 21.625 tonnes et M. de Poorter a expédié par son embranchement de la Forêt et la gare d'Ercé-Teillay 48,800 tonnes, soit plus de 70,000 tonnes, sans compter la production, très faible de la Compagnie minière armoricaine.

Il n'est pas douteux que le tonnage expédié sera beaucoup plus élevé en 1912.

∴

7° *Au Nord de Saint-Sulpice-des-Landes.* — Immédiatement à l'Ouest de Cropé, le contact des schistes à Calymènes et du grès armoricain fait un brusque crochet au Sud-Est vers la vallée du ruisseau de la Penais — pour contourner une avancée synclinale de schistes presque verticaux vers le Fretay, puis reprend sa direction générale.

Au voisinage se trouvent les anciennes minières de la Serpandais, Châtain, les Marais, la Landerais, la Pinelais, exploitées de 1872 à 1882 pour les forges de Tabago, près de Redon et de Port-Brillet. Un mètre environ de terre végétale et d'argile jaune y recouvre le minerai qui se présente en strates horizontales régulières ; les premières assises sont disloquées et très minces, de sorte que le minerai se présente en plaquettes de 5 à 6 dm3 au plus ; elles sont moins riches que celles du dessous. Les bancs les plus puissants n'ont pas $0^{m}50$. L'épaisseur totale exploitable peut atteindre 4 à 6 m. ; la formation repose comme d'habitude sur l'argile.

Dans toute cette région, la quantité de minerai disponible est encore considérable, mais il est en général plus gréseux que partout ailleurs et beaucoup d'exploitations ont du être abandonnées pour ce motif. En 1911, deux minières ont été ouvertes à la Pinelais par M. de Poorter et la Société Nantaise et deux autres à la Châtain, par la Société minière de Bretagne et la Société Nantaise. Chacune occupe une vingtaine d'ouvriers. L'exploitation n'est pas avantageuse en raison de l'éloignement des voies ferrées (gare de Bain à 7 km. 1/2). Le minerai extrait tient en moyenne, après triage 48 o/o de fer et 12 o/o de silice.

Le minerai exploité dans les minières dont nous venons de parler s'étend sur environ 1 km. de large, sur le plateau de grès armoricain vers la Galivelais et la Bellefrie au Nord et plus au Nord encore dans les landes de Bonne-Fontaine, car toute cette région est couverte d'anciennes exploitations. Dans sa partie Nord un puits de 15 mètres avait été foncé, il y a une quarantaine d'années, à l'Est et à proximité de la route de Saint-Sulpice-des-Landes à Bain-de-Bretagne, là où le coteau commence à s'incliner vers le Nord ; ce puits, arrêté par l'eau était resté constamment dans le minerai oligiste de Segré. D'autres petits puits de quelques mètres seulement avaient rencontré de l'hématite superficielle. Une concession fut demandée le 26 novembre 1875, sous le nom de concession du vieux télégraphe, par la Société anonyme de Marquise, alors propriétaire de l'usine de Tabago ; elle englobait les terrains où étaient ouvertes les minières de la Serpandais, de la Pinelais, de Châtain, etc.

La Société Nantaise a repris récemment les recherches et a creusé vers le bord Nord des vieux travaux, un petit puits qui a recoupé une couche.

Il paraît bien probable qu'au Nord d'une grande plongée presque verticale sous les schistes à Calymènes, le niveau ferrifère se replie à plat sur une largeur d'environ 1 km., puis dessine un petit pli sur le grès armoricain ; les minières seraient sur la partie plate ; le puits de recherche sur le bord Sud du petit pli. On trouve encore ici une disposition analogue à celle déjà signalée plusieurs fois.

En continuant à suivre vers l'Ouest la ligne de contact des grès et des schistes, on trouve des affleurements à la Hélandais, à la Roussière, à la Bonnais ; des fouilles y ont été faites par M. de Poorter et ont fait constater que le minerai des affleurements est gréseux et inexploitable.

8° *Du Nord de Fougeray à la Vilaine.* — Au Nord de Fougeray, la ligne de contact fait plusieurs coudes qui la rejettent à 3 km. environ au Sud. De là à la Vilaine, elle reprend sa direction Est-Ouest. La bande de grès armoricain qui, entre les schistes précambriens au Nord et les schistes à Calymènes au Sud, atteint 2 à 3 km. de large, est creusée d'anciennes exploitations : le Nourais, le Moulin-Louis, la Place, le Châtellier, le Moulin de Cahors, la Ferrière, Beuvres, exploitées de 1872 à 1882 par les forges de Tabago et celle de Port-Brillet. Ces minières qui ressemblent à celles du Nord de Saint-Sulpice-des-Landes n'ont pas été reprises, mais M. de Poorter poursuit des recherches, depuis octobre 1910, à la Hattais et a pris des droits de fouille au Chatellier : la Société Nantaise a également pris des droits de fouille à la Place, au Moulin-Louis et au Moulin de Cahors.

Les recherches de M. de Poorter ont eu comme point de départ des vieux travaux apparaissant sur 10 mètres de large et 100 mètres de long, au sommet d'un coteau dépendant de la ferme de la Hattais, au Nord de la route de Messac au Grand-Fougeray, à l'Est du point où cette route, traversant un ruisseau, coupe la limite des communes.

Les fouilles n'ont pas tardé à mettre à jour des puits très anciens, voisins les uns des autres et aboutissant à des travaux remblayés, ayant porté sur une couche d'hématite de 1m60 à 1m90.

Cette couche a été étudiée par une galerie, longue de 60 mètres, à faible profondeur, communiquant au jour par un puits et une descenderie, la couche interstratifiée dans le grès a un pendange de 45° vers le Nord, semblant indiquer qu'elle appartient peut-être à une ondulation secondaire plutôt qu'à la plongée sous le synclinal du Sud. Le minerai de la Hattais serait, parait-il, d'excellente qualité et aurait donné : Fer 55 o/o, $Al^2 O^3$ 9 o/o, $Si O^2$ 10 o/o.

Un peu à l'Ouest de la Vilaine, le synclinal se ferme et le grès armoricain fait place aux schistes cambriens, puis aux schistes précambriens.

§ 4 Bord Sud du synclinal (nos 11) de Segré, Pouancé, Rougé, Noyal, Saint-Sulpice, Saint-Ganton.

En commençant à l'Est, le bord Sud du synclinal de Segré, marqué par la bande de quartzite que l'on suit du Lion-d'Angers à Pouancé entre les vallées schisteuses de Misengrain au Nord, de La Verzée au Sud, traverse la concession de l'Oudon, sur 5 kilomètres, celle du Bois sur 7 kil. et celle de l'Ombrée sur 7 kilomètres. Dans ces concessions, il a été bien étudié et on y a trouvé des couches importantes de minerai.

Les couches plongent vers le Nord.

1° *Concession de l'Oudon.* — La concession de l'Oudon renferme trois couches principales de minerai, plongeant vers le Nord de 32° à 60° et peut être davantage en profondeur. Les puissances respectives des couches A. B. C., sont du Nord au Sud : 1 à 3 mètres pour A., 6 et 7 mètres par endroits pour B., qui est à 40 mètres suivant la normale de A. et comprend plusieurs bancs, parfois juxtaposés, parfois séparés par des bancs de stériles et enfin, environ 2 mètres pour C.

Les travaux de recherches, exécutés de 1874 à 1883 avaient donné les résultats suivants :

A l'Est de Segré, la bande ne dépasse pas 450 mètres ; les quartzites et les grès se suivent en alternant par bancs de 1 mètre avec quelques intercalations de schiste jaunâtre.

Les travaux des Gaudines y ont établi l'existence de 4 couches voisines d'oligiste (densité 3,00) de 2 m. 50, 1 m. 80, 0 m. 80, et 0 m. 90 réparties sur une épaisseur de 7 mètres et dont l'allure est presque horizontale.

A 1 kilomètre à l'Ouest commencent des affleurements qui se suivent sur une longueur de 1.200 mètres et une largeur de 90 mètres, dont les parties Nord ont été exploitées par les anciens.

Les puits et galeries de la Boitellerie ont recoupé 5 couches plongeant de 60° vers le Nord et repartis sur 13 mètres, du Nord au Sud comme suit :

Magnétite et oligiste.............	0 70
— —	0 30
— —	2 50
Hématite rouge...................	0 50
— terreuse................	1 »
Total...............	4 70

La tranchée Sud de la Boitellerie et plus à l'Est le puits Tirlier ont recoupé six couches voisines pendant également au N. à 60° et ayant les épaissseurs suivantes, du N. au S.

1 80, 0 80, 1 70, 0 75, 0 35, 0 15, soit au total 5 m. 55 de minerai.

Les couches de la Boitellerie peuvent être le prolongement de celles des Gaudines.

Plus à l'Ouest, dans la région du Vaududon on a trouvé une formation de nombreuses couches qui peuvent n'être que le prolongement des précédentes ; savoir du N. au S :

1. au contact des schistes et des quartzites, une couche A de 1 m. 20 à 2 mètres pendage 60° Nord, formée de fer oxydulé à cassure grenue irrégulière et terne, verdâtre, très altéré à rayure noir foncé, densité 3,39. 47 o/o de fer ; elle a été étudiée par le puits Nord du Vaududon et à 1 kilomètre à l'Ouest par le travers bancs de l'Ecluse, partant de la rive Sud de l'Oudon.

2. A 80 mètres au Sud, trois veines de magnétite très noire, B, recoupées par le même travers bancs et les puits et galeries Sud du Vaududon ;

Couche du Nord..........	1 80	
Grès et quartzite.........		2 50
Couche centrale..........	3 50	
Grès et quartzite.........		3 »
Couche Sud..............	1 50	
Total...........	6 80 de minerai	

Ces couches ont été exploitées jusqu'à 12 mètres de profondeur par les anciens dont les excavations subsistent à l'Ouest du puits de Vaududon et dans le bois du même nom sur 400 mètres.

Le pendage est de 60° Nord ; en direction les couches sont coupées par des failles et des filons de diorite décomposés.

3. A 120 mètres au Sud une couche de 2 mètres, C, pendage 70° Nord, oligiste et magnétite, se rapprochant vers l'Est du groupe précédent a été reconnue par des tranchées.

A l'Ouest des travaux mentionnés ci-dessus, sur la rive droite de La Verzée qui coupe normalement les couches à son confluent avec l'Oudon, à 500 mètres avant le pont de la ville de Segré, des affleurements existaient sur 120 mètres de longueur presqu'occupés entièrement par des travaux anciens. Une galerie à flanc de coteau a permis de suivre la couche correspondant à ces affleurements sur une centaine de mètres ; elle a 2 mètres de puissance, elle est subdivisée en deux horizons par un petit banc de quartzite de 0,40 ; le pendage est de 70° Nord. La galerie a été arrêtée dans un crain, terrain bouleversé, composé de bancs irréguliers d'argile, de quarzite et de schiste qui prend la place de la couche entre un lit et un mur régulier.

Le minerai de la Verzée est oxydulé, magnéti polaire, d'un gris clair bleuâtre, à cassure terne, densité 4 à 4 25.

On se trouve là au voisinage d'un accident qui a déplacé vers le Nord l'axe du synclinal et a brouillé les couches, ce qui se manifeste à la surface par le changement brusque de direction de l'Oudon et de la Verzée.

⁂

Après l'institution de la concession, des travaux d'exploitation eurent lieu par le travers-bancs de l'Ecluse, jusqu'en 1883 où ils furent abandonnés à cause des difficultés du traitement sidérurgique.

Ils ont été enfin repris en 1907.

L'attaque du gîte avait été commencée par le travers-bancs de l'Ecluse, d'environ 200 mètres de longueur débouchant au bord de l'Oudon (niveau 27) et recoupant les couches A et B. La couche B avait été aussi recoupée par le travers-bancs dit du Vaududon et les deux séries de travaux se réunissent par des galeries au niveau 31. L'extraction avait été faite au moyen d'une descenderie qui suivait le mur de la couche B dans le minerai. Les travaux ont été surtout développés dans cette couche B.

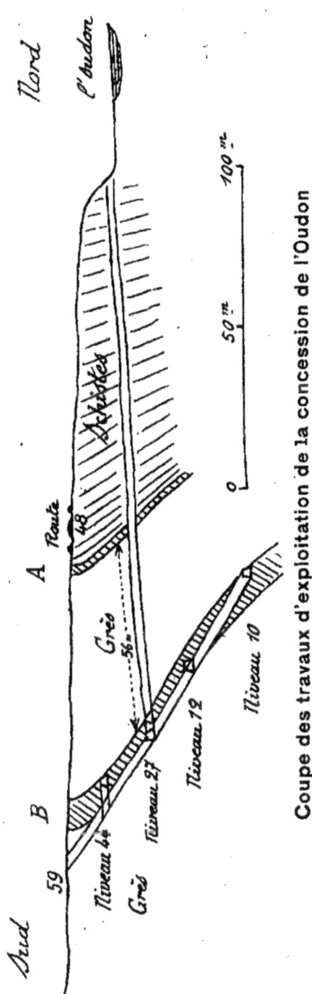

Coupe des travaux d'exploitation de la concession de l'Oudon

A la reprise des travaux, en 1907, on a remis en état les galeries et les chantiers existants, puis on commença l'extraction méthodique dans les anciennes tailles en vue d'un essai suivi du minerai, ceci sans rien changer à l'installation. On reconnut tout d'abord que l'ancien stock était presque inutilisable parce qu'il avait été mal abattu. Le minerai peut avoir une teneur très variable sans changer d'aspect physique et il faut un examen attentif, guidé par des analyses fréquentes pour sélectionner les bancs et préciser les conditions d'exploitation. C'est ce qui fut fait en premier lieu dès la mise en route et ces soins furent aussitôt couronnés de succès, car on obtint un minerai à teneurs moyennes absolument constantes, qu'un essai au haut fourneau montra parfaitement réductible.

On poussa alors les travaux et on décida d'approfondir la descenderie sans arrêter l'exploitation. On a actuellement dépassé le niveau-10, soit 70 mètres de profondeur suivant la verticale. On peut remarquer à ce sujet que la pente de la descenderie ayant été maintenue constante, cette descenderie est passée du mur au toît de la couche, ce qui indique nettement que le pendage augmente (de 32 à 45 degrés).

Presque tous les travaux d'exploitation ont été exécutés sur la couche B où il y a, à l'heure actuelle, environ 1.500 mètres de galeries en direction. Voici des coupes des avancements à trois niveaux différents et les analyses du minerai en différents points de ces coupes, d'après M. Brüll (1).

On voit que les bancs de minerai sont d'autant plus siliceux qu'ils sont plus près des grès dans lesquels les couches sont interstratifiées et suivant la méthode employée par l'abattage on aura une qualité différente.

Ainsi, au niveau 44, l'abattage des 7 bancs à la fois donne l'analyse moyenne suivante :

SiO^2	Fe	P
19,8	46,67	0,31

Au contraire, si on prend les bancs 1, 2, 3, 4, on obtient :

SiO^2	Al^2O^3	Fe	CaO	P	Perte au feu
12,05	3,47	53,41	0,15	0,44	2,35

On peut aussi à la rigueur prendre les bancs 1, 2, 3, 4, 5 ; la moyenne théorique serait sensiblement la même :

SiO^2	Fe	P
12,5	53,02	0,43

(1) Voir planche en annexe.

Mais les difficultés du triage augmenteraient dans de grandes proportions.

Au niveau 12, on aurait les résultats suivants :

	SiO^2	Fe	P
	—	—	—
Tout à la fois..	14,74	52,83	0,585
Bancs 1, 2, 3, 4..	18,33	49,77	0,544
Bancs 5, 6, 7 ...	11,03	51,98	0,635

Au niveau 10, l'analyse moyenne de la couche qui atteint près de 6 mètres est celle ci-dessous :

SiO^2	Fe	P
—	—	—
16,6	52,44	1,001

En résumé, on constate par ces documents la diminution de teneur en silice, l'augmentation du pendage et des teneurs en fer et en phosphore.

L'analyse faite sur un tonnage de 81.340 tonnes de minerai, consommé à Trignac, de 1907 au milieu de juin 1911 a donné la moyenne ci-dessous :

SiO^2	Al^2O^3	Ca O	Fer	P
—	—	—	—	—
16,97	5,10	1,81	47,81	0,98

S	Perte au feu
—	—
0,143	2,88

Cette moyenne comprend les stocks mal exploités du début et le minerai plus ou moins pur provenant des recherches.

A l'heure actuelle, le gîte étant mieux connu, la moyenne des expéditions donne :

SiO^2	Fer	S
—	—	—
15,8	50,5	0,13

La couche A n'a été que peu exploitée jusqu'ici et seulement au niveau supérieur où elle est reconnue sur 150 mètres, elle est plus riche que la couche B et elle a tendance à devenir carbonatée assez rapidement (7 à 8 o/o de perte au feu).

La couche C n'a pas encore été exploitée ; des travaux sont en cours pour la recouper.

Dans l'ensemble, le gisement paraît assez accidenté, coupé par des failles dont l'une produit un rejet de 300 mètres.

L'exploitation se fait par gradins chassants avec remblayage, la couche étant prise en deux tranches lorsque la puissance dépasse notablement 3 mètres.

L'aérage est naturel ; suivant la température l'air entre ou sort par le travers bancs horizontal ; l'explosif employé est la dynamite gomme B (4.000 kilos environ en 1910).

Le travail se fait à 2 postes de 9 heures ou 3 postes de 8 heures suivant la nature des chantiers ; les ouvriers s'éclairent avec des lampes à acétylène.

En 1911, on a employé 96 ouvriers de fond et 51 de jour, ayant des salaires moyens de 4 fr. 88 et de 4 fr. 13.

D'importantes installations sont décidées dans la concession de l'Oudon : établissement d'une station centrale avec 2 groupes électrogènes de 80 H P, deux compresseurs d'air, deux pompes centrifuges électriques, deux pompes d'alimentation, un treuil électrique d'extraction. On parle enfin d'un transporteur aérien pour véhiculer le minerai à la gare de Segré éloignée d'un kilomètre et permettre la suppression d'un charroyage onéreux, coûtant 0 fr. 75 par tonne.

Ces diverses améliorations permettront de porter le tonnage de la concession à 300 ou 400 tonnes par jour au lieu de 100 à 120, soit 90,000 à 120.000 tonnes par an.

∴

2° *Concession du Bois.*

La bande de grès armoricain disparaît sous les alluvions et se brouille dans la région de Segré.

Entre la Condre, à l'Est de Segré et la ferme de la Misandrière, à l'Ouest de Segré s'étend, en effet, un espace de 5 kilomètres de longueur dans lequel les grès demeurent étroits et bouleversés ; le minerai de fer y existe encore, mais par endroits isolés et très restreints et les alluvions des vallées empêchent de débrouiller ce dédale.

Plus à l'Ouest, on trouve les couches de la concession du Bois qui, prolongent celles de la concession de l'Oudon et se rapportent également à 3 formations A, B, C, ayant un pendage d'environ 80° vers le Nord. La formation A donne une puissance de minerai variant de 2 à 3 mètres ; la formation B, à 50 mètres de A, est formée de plusieurs couches de minerai dont l'ensemble donne 3 à 3 mètres 40 utiles ; enfin la formation C qui contient une seule couche de 2 mètres d'épaissseur est à une centaine de mètres de B.

L'ensemble du gite comporte plusieurs rejets assez importants, mais les lambeaux situés entre deux rejets peuvent constituer chacun une exploitation.

Les recherches effectuées pour l'obtention de la concession avaient donné les résultats suivants :

1° La formation A ne comprend qu'un banc au contact des schistes ; elle a été reconnue dans la région du Fouillé par une tranchée (fer oxydulé, 1 mètre 90, pendage 85° Nord) et dans la région de la Gravoyère, par deux tranchées, notamment à la Maritaye (minerai gris foncé avec parties verdâtres d'une grande dureté, magnétipolaire, à cassure grenue et terne, densité 4,16).

2° La formation B a été étudiée dans le premier tronçon du bois du Fouillé par puits et tranchées et dans le tronçon de la Gravoyère, séparé du premier par faille, par les puits de la Gravoyère et du Bois.

Dans toute l'étendue du bois du Fouillé, on voit des monceaux de scories anciennes et des traces de fouilles remblayées. Les puits et galeries du Fouillé (14 mètres profondeur) ont reconnu une couche de 2 mètres d'épaisseur sensiblement verticale, tendant à plonger au Sud, formée de minerai oxydulé magnétipolaire, gris, dans une pâte jaune à cassure grenue et terne, à rayure noire, d'une grande dureté (densité 3,44). Les affleurements et les traces des travaux anciens rendent probable l'existence d'autres couches voisines.

A l'Ouest, les excavations anciennes se suivent à travers le bois de la Gravoyère, de Saint-Blaise à la Maritaye sur plus de 1.000 mètres. Elles forment une ligne plusieurs fois brisée dont les tronçons sont rejetés au N et au S, tout en conservant la même direction, ce qui indique l'existence de failles. Les couches y ont été étudiées par le puits de la Gravoyère, profond de 21 mètres ; les bancs plongent à 55° vers le N. On y a trouvé du Nord au Sud 3 couches de 0 m. 90, 1 m. et 1 m. 20, séparés par des bancs de 0 m. 60 de quartzite et de grès siliceux, puis une série de bancs de quartzite et de petites couches de minerai dont la plus épaisse à 0 m. 40.

Le minerai est très tendre, friable sous les doigts, se délayant dans l'eau, violacé quand il est humide. Séché il devient gris bleuâtre. Il est formé de petits cristaux octaédriques, magnétiques, reliés par une gangue argileuse : il renferme accidentellement quelques filets pyriteux.

Le puits du Bois, a été foncé à 30 m. de profondeur sur une ligne d'anciens travaux ; d'abord dans des argiles jaunâtres mélangées de fragments anguleux de quartzites (8 m.) puis dans des grès argileux, schiste, quartzite compacte ou feuilleté.

Les travers-bancs à 25 mètres de profondeur a rencontré, sur une dizaine de mètres de long, d'abord du minerai feuilleté, puis massif, très siliceux, très dur, chatoyant, magnétique, très pauvre et inexploitable, sur 2 mètres de puissance, puis 4 couches de 0 m. 60, 0 m. 80, 0 m. 60 et 0 m. 95, cette dernière divisée en deux bancs par quelques centimètres de quartzite. Le minerai est du fer oxydulé magnétipolaire, d'une friabilité telle que chaque fragment se réduit en poussière sous la pression des doigts. La couleur est gris bleuâtre, résultant de parcelles noires très fines dans une pâte argileuse blanche. Quand la cassure est fraîche, les petits cristaux miroitent au soleil, densité 3,92.

3° La formation C semble ne comprendre qu'une couche.

Dans la région du Fouillé, son existence ne résulte que de la présence de blocs de minerai dans les alluvions qui sont très épaisses.

Dans la région de la Gravoyère, à 100 mètres du groupe précédent, on rencontre des fouilles anciennes sur la direction desquelles on a fait la tranchée de la Dominière. Sous des alluvions de 1 mètre d'épaisseur, elle a rencontré une couche de minerai oligiste bleu, de puissance inconnue, peu riche.

Après l'institution de la concession, on creusa du Nord au Sud, près de l'étang de la Corbinière, à 400 mètres au Nord de la Maritaie, un travers bancs à flanc de côteau, long de 424 mètres, qui recoupa à 360 mètres de son origine, la formation A, composée d'une seule couche de 2 mètres et à 412 mètres de son origine la formation B, composée de 3 couches de 1 m., 1 m. 25 et 0 m. 50 de puissance moyenne séparées par des bancs de stérile de 1 m. 80 et 0 m. 80 d'épaisseur.

Des reconnaissances en direction furent alors effectuées sur 40 mètres dans la couche A et sur 35 mètres dans la veine centrale de la formation B.

Les travaux abandonnés en 1883, furent repris en 1910. Un puits de 3 m. 25 de diamètre, destiné à descendre à 200 ou 300 mètres a été foncé entre les couches A et B ; il a rencontré le travers bancs, et atteint 80 mètres de profondeur ; les galeries et travers bancs qui étaient très éboulés ont été remis en état et les traçages continués. La veine A a été ainsi explorée sur 800 mètres et la veine B, d'une épaisseur de 0 m. 90, sur 1.100 mètres.

A l'Ouest du puits, on a constaté l'existence d'une faille.

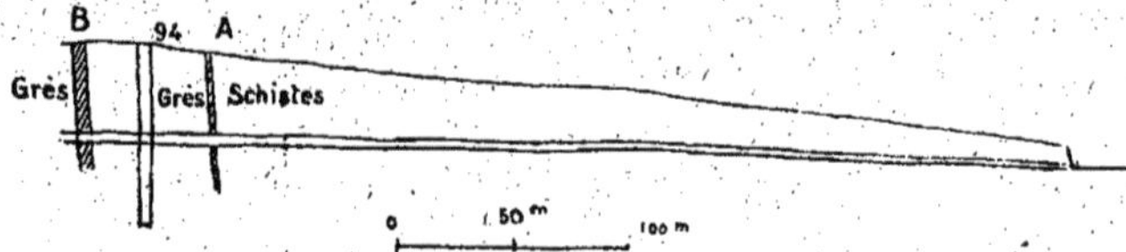

Voici, d'après M. Brüll, quelques analyses des couches A et B, montrant la richesse constante du minerai :

	Si O 2	Al 2O3	Fe	Ca O	P	Perte au feu	Augmentation au feu
Couche A	5,60	4,62	62,47	1,2	0,254	0,8	»
	10,84	4,20	55,79	0,5	0,978	»	0,2
	6,30	4,28	57,13	0,1	1,74	»	0,2
	5,75	4,20	62,92	0,1	0,254	»	»
	5,70	5,88	59,36	0,6	0,961	0,3	»
	11,38	6,63	40,36	7,1	3,74	»	2,8
Couche B	4,38	4,24	62,92	1,4	0,489	1,9	»
	5,00	4,62	61,00	1	0,723	1,6	»
	6,42	4,62	62,92	0,2	0,430	1,9	»
	5,30	5,37	56,09	3,3	1,94	1	»
	4,98	2,43	67,19	0.1	0,228	3,6	»
	3,10	3,23	64,55	0,8	0,756	2	»
	19,82	7,56	47,78	0,7	0,521	»	0,8
	13.62	8,31	52,68	0,8	0,309	»	0,8

Sur un stock de 350 tonnes, l'analyse moyenne a donné :

Fer..........	54 à 57 %
Silice........	12 à 9 %

Le minerai actuellement extrait donne :

Si O2	Al 2O3	Ca O	Fer
10,72	5,04	0,5	55,94

S	P	Perte au feu
0,027	0,22	5,3

La mine a occupé en 1911, 47 ouvriers au fond et 24 au jour. La production est actuellement conservée en stock.

Le programme d'exploitation intensive prévoit 2 ou 3 puits, le premier étant celui en fonçage ; le second sera placé à l'Est de la concession, en face du puits des Aulnais ; le troisième serait placé à la limite Ouest. Une voie normale réunirait les puits et conduirait le minerai directement chargé en wagons de 40 tonnes à la gare de Noyant-la-Gravoyère pour être expédié sans transbordement.

Le matériel d'exploitation, machine d'extraction, pompes, compresseurs, etc., serait mu électriquement. L'abatage se ferait par marteaux perforateurs à air comprimé. La centrale électrique avec des turbo-générateurs à vapeur de 2.000

kilowats, serait située près de Noyant et desservirait en même temps les concessions des Aulnais, de la Ferrière et de l'Oudon, au moyen de lignes de transport à haute tension.

Chaque centre d'extraction sera équipé de façon à produire 600 à 800 tonnes par jour soit 200.000 à 250.000 tonnes par an, ce qui conduirait à prévoir pour cette concession seulement une production de 400.000 à 500.000 tonnes par an dans 4 ou 5 ans.

∴

3° *Concession de l'Ombrée.*

Les affleurements se suivent d'une façon plus visible et plus régulière encore dans la concession de l'Ombrée, qui renferme déjà l'aile Nord du synclinal.

Les recherches déjà faites vers 1875 avaient établi l'existence des 3 formations A, B, C.

1° La formation A se suit en ligne droite sur plus de 3 kilomètres par ses affleurements ; les anciens y ont fait des travaux entre la Moricaudais et la Grandinière ; elle a été reconnue par le puits Nord de Belair, jusqu'à 15 mètres avec une puissance de 2 m. 50 dont :

Minerai tendre, noir oxydulé, riche	0,55
Minerai très dur, quartzeux et pauvre, 35,5 o/o	1,27
Minerai dur, magnétique, riche, 62 o/o	0,35
Minerai dur, oxydulé, richesse moyenne, 40 o/o	0,40
	2,50

A l'Ouest, une grande tranchée allant du chemin de Belair à l'ardoisière de la Forêt l'a mise à nu avec une puissance de 3 mètres. Le minerai est peu magnétique, rouge, à cassure terne, d'une grande dureté (densité 4,25).

2° La formation B a été étudié par la grande tranchée de Belair, le puits Sud de Belair et le puits du Bois.

La tranchée a rencontré deux couches verticales donnant 0 m. 90 et 1 m. 30 de fer oxydulé, séparées par 0 m. 55 de quartzite ; le puits Sud de Belair a recoupé également cette même formation.

3° Le groupe C était surtout connu dans la région de Belair ; il y est formé de puissantes couches de minerai oligiste bleu, qui se suivent sur une grande longueur et sont très régulières. Les affleurements, très apparents, n'ont pas été exploités par les anciens.

La tranchée du Champ Quittet à l'Est, de Belair à la Forêt à l'Ouest, le puits de Belair foncé sur la couche Nord, le puits de l'Espérance foncé sur la couche Sud, ont mis en évidence l'existense de deux couches : la couche Nord a plus de 3 m. de puissance et se divise quelquefois en 2 bancs ; le minerai est gris bleu, quelquefois violacé, à cassure brillante, grenue, à poussière rouge (densité 3,4 à 3,9) ; la couche Sud, toujours séparée en 2 par une couche de quartzite à 2 m. 50 de puissance ; c'est aussi du fer oligiste, le plus souvent rouge, toujours plus dur, densité 3,3 à 4.

Les recherches ont été reprises vers 1908 par la Commission des Ardoisières d'Angers en vue d'obtenir une concession :

1° La formation A a été étudié à l'Est par le puits N. de Belair jusqu'à la profondeur de 24 mètres et sur 66 mètres en direction et à l'Ouest par le puits de la Noé jusqu'à la profondeur de 35 mètres et sur 57 mètres en direction ;

2° La formation B a été étudiée par des tranchées ;

3° La formation C a été étudiée par le puits de Belair Sud à la profondeur de 24 mètres et sur 34 mètres en direction.

Les analyses du minerai extrait des recherches ont donné :

		SiO^2	Fe	P
Couche A	puits de Belair	20	58	0,58
	puits de la Noé	27	43	0,28
Couche C	puits de Belair	35	40	0,12

Mais la teneur s'élève souvent à 50 o/o de fer et exceptionnellement à 62 o/o et un triage permettrait d'obtenir du bon minerai comme dans les concessions du Bois et de l'Oudon. Le minerai est rouge, à cassure terne et d'une grande dureté.

Depuis que la concession a été accordée (23 avril 1910), la mise en valeur n'a pas été commencée par suite de la pénurie de main-d'œuvre. Un raccordement de la Forêt à la gare de Combrée est projeté.

3° *A l'Ouest de la concession de l'Ombrée jusqu'à Ruffigné.*

A l'Ouest de la forêt de l'Ombrée s'étend le plateau de Vergonnes. Les vieux travaux se suivent en dehors de la forêt de l'Ombrée jusqu'au Nord de Vergonnes, à proximité de la Chauvaie où ils forment deux bandes, et tout porte à croire qu'il y en a encore à l'Ouest.

Mais à l'Ouest de Pouancé, jusqu'à Ruffigné, sur une longueur de 25 km, on ne trouve plus aucun affleurement digne d'être mentionné et souvent toute trace de minerai disparaît ; les morts terrains deviennent plus épais. Nous avons signalé le même fait sur la partie correspondante du bord Nord du synclinal.

Déjà vers 1875, des fouilles superficielles avaient mis en évidence au N. de Vergonnes une couche d'oligiste bleu de 3 m. à 4 m. de puissance plongeant au Nord.

Une campagne active de recherches a été commencée en 1911 dans la région de Vergonnes, sur laquelle 3 demandes concurrentes en concession ont déjà été présentées et les recherches se sont dernièrement développées vers l'Ouest, malgré le défaut d'affleurement et de tout indice encourageant.

De l'Est à l'Ouest, on trouve un puits de M. de Montault, à l'Est de Vergonnes, près de la limite de la concession de l'Ombrée ; un puits de M. Capitain-Geny à 200 mètres à l'Ouest ; des tranchées des mêmes, près de la halte de Vergonnes et à la Miottrie ; des tranchées de M. de Montault à la Saunerie, à l'Ouest de Pouancé ; un puits de la Société des recherches minières de l'Ouest aux Moulins Champion ; un puits de M. Capitain-Gény à 500 m. plus à l'Ouest ; un puits de la Société des recherches minières de l'Ouest aux Encleuses ; des tranchées dans la bande de grès au Nord de Soudan et de Châteaubriant faites par la Société des recherches minières de l'Ouest.

***

4° *Région de Ruffigné-Sion.*

Il faut aller jusqu'au-delà de Ruffigné, entre Ruffigné et Sion, pour retrouver des vieux travaux et des affleurements nets, notamment à l'Entrehaye, la Forgerais, Limèle, le Bois-Regnier, la Borgnière, le Nombreil, et plus au Sud, l'Etollererie, Trans-du-Milieu, le Petit-Breil. Les lignes des vieux travaux sont généralement doubles et paraissent jalonner deux couches de minerai situées à une quarantaine de mètres l'une de l'autre ; ces couches semblent reparaître plusieurs fois du Nord au Sud, par suite d'ondulations du grès armoricain avant sa plongée sous les schistes à Calymènes du Nord.

Le minerai de l'Etollerie avait été analysé en 1881 et 1897, à Trignac, et avait donné les résultats suivants : Fer 61,50 et 61,02 ; silice, 8,75 et 8,90 ; phosphore, 0,250 et 0,537.

La Société Nantaise poursuit, depuis 1911, des recherches dans cette région, en vue d'obtenir une concession.

***

5° De *Sion à la Vilaine.*

Plus à l'Ouest, le contact des schistes à Calymènes et des grès, continue régulièrement Est-Ouest, sauf un rejet vers le Sud de 150 m., par une faille vers Fougeray.

On rencontre d'abord, à 2 km à l'Est de la route de Fougeray à Bain, le village de Minière, autour duquel existent des scories et des traces de travaux de tous âges ; le minerai épars dans les haldes est une limonite poreuse et légère.

Plus à l'Ouest, on trouve près du moulin et dans le bois du Lorais, un affleurement plat très étendu, dont l'épaisseur ne dépasse pas 3 mètres et qui est très siliceux. Une exploitation y a pourtant été essayée par M. de Poorter, puis M. de Tonquedec.

***

6° *A l'Ouest de la Vilaine.*

Les grès armoricains des deux bords du Synclinal se réunissent dans la lande de Bodignel, sur la rive droite de la Vilaine, avec une largeur de 5 km, et y forment une colline. Jusqu'ici, aucun gisement important de minerai n'a été signalé dans cette région, et cependant on y trouve de grands amas de scories, sur la lande de Bodignel, près du moulin à vent des Forges, à la butte de la Roche, près de Saint-Ganton, etc.

§ 5. Cuvette de Reminiac

Pour mémoire, nous mentionnons la cuvette de Reminiac, dont la disposition régulière est bien séduisante pour les chercheurs de mines.

Malheureusement, aucune indice de l'existence deminerai n'y a été signalé, à notre connaissance.

§ 6. — Bord Nord du Synclinal (n° 12) de St-Barthélémy, Erbray, Pierric, Malestroit.

Le grand synclinal qui va de Saint-Barthélemy et Angers d'une part, à la pointe du Raz, présente sur son bord Nord le grès armoricain au-dessous des schistes ardoisiers, d'une façon continue jusque vers Malestroit; le minerai de fer y est abondant et a donné lieu déjà, dans la partie Ouest, aux deux concessions contigues de Saint-Barthélémy et du Pavillon, instituées en 1902 et en 1910.

.
. .

1° *De la Loire à la Maine.* (Concessions de Saint-Barthélémy et du Pavillon).

Dans la région située entre la Loire et la Maine, au Nord de Trélazé et Angers, des affleurements et des vieux travaux étaient connus depuis longtemps, notamment des affleurements dans des grès exploités pour l'empierrement des routes, au Nord de Trélazé; d'autres affleurements dans la tranchée de la Cressonnière de la ligne d'Angers à la Flèche et à Avallon, près de Brain-sur-l'Authion; enfin, des galeries d'exploitation creusées à une époque inconnue, sur la rive gauche de la Sarthe et la rive droite de la Mayenne, vers leur confluent.

Ces observations n'avaient donné lieu à aucun travail récent, lorsqu'en 1895, Danton commença des recherches sérieuses qui aboutirent finalement à l'institution des concessions de Saint-Barthélemy et du Pavillon.

Les couches sont dirigées Nord-Ouest-Sud-Est et presque verticales; une grande faille transversale, qui passe vers le bord Ouest de la concession de Saint-Barthélémy, paraît rejeter vers le Sud le gisement de cette concession.

a) *Concession de Saint-Barthélémy.*

La concession de Saint-Barthélémy, longue de 6 kilomètres, s'étend jusqu'à la ligne d'Angers à la Flèche. Les recherches de Danton ont consisté en petits puits et travers bancs placés à peu près en ligne droite à proximité des couches, et en tranchées pour repérer les affleurements.

A Avaloup, un puits de 26 mètres et un travers-bancs de 30 mètres ont recoupé une couche de 5 mètres et quatre couches secondaires de moins de 0m. 80, presque verticales avec pendage Sud, fournissant une hématite brune presque noire, donnant en moyenne 50 o/o de fer, 18 o/o de silice, mais parfois enrichie jusqu'à 56 o/o de fer.

A Grasimoux, à 1 kilomètre au N.-O., une grande tranchée a mis à nu 3 ou 4 couches, dont la plus épaisse a 3 mètres, et qui fournissent en tout une épaisseur de 5 mètres de minerai, réparti sur 10 mètres.

Au bois de Verrières, un puits de 7 mètres et un travers-bancs de 22 mètres ont recoupé 6 couches de 0m. 55 à 3m. 25, donnant en tout 8 mètres de minerai.

Aux Gavroches, on a rencontré 4 couches de 3m., 1m. 40, 1m. et 2m. 50.

Au Champ-Soret, on a rencontré 3 couches de 3m., 2m. 20, 1m. 50, séparées par des intercalations de 1m. 50 et 1m. 60.

Au clos du Moulin enfin, à l'extrémité Ouest de la concession, on a rencontré 3 couches de 1m. 60, 2m. et 5m. 10; la deuxième est formée de 4 ou 5 veines de minerai, séparées par du schiste et de l'argile, et seulement 0m. 65 à 0m. 70 de puissance sont utilisables; la troisième contient également 1/4 à rejeter.

Le minerai des recherches est de l'oligiste assez siliceux, en voici quelques analyses :

	Avaloup			Grasimoux
Résidu insoluble....	16	17,6	15	12
Fe^2O^3..	80	77,6	80,3	75,3
Ca O....	»	»	»	»
P^2O^5...	0,17	0,12	0,19	0,44
Perte au feu........	3,3	4,3	4,3	12

En général, les analyses du minerai des recherches ont donné : silice, 6 à 10 ; fer, 46 à 59 ; phosphore, 0,098 à 0,4.

Aucun travail d'exploitation n'a été fait dans la concession de Saint-Barthélémy et les puits de recherches sont actuellement bouchés.

b) *Concession du Pavillon.*

La concession du Pavillon, longue de 2 kilomètres 800, fait suite à la précédente et s'étend jusqu'à la Maine.

Les couches au nombre de quatre décalées au Nord-Est par rapport aux précédentes ont la même direction SE-NO et sont presque verticales avec pendage Sud.

Elles sont très régulières ; elles ont été jalonnées au moment des recherches de 1908 et 1909 par des petits puits de 20 mètres avec travers bancs ; les deux couches centrales B et C sont seules exploitables ; elles ont des puissances moyennes de 1 m. 80 et 2 m. 10.

Le minerai extrait des recherches a été exporté par Nantes et l'analyse du dernier chargement de 1909 a donné :

SiO^2	Fe	Mn	Al^2O^3	MgO
10,84	53,78	0,19	4,7	0,07

S	P	As	Cu
0,027	0,89	0,01	0,01

La Société nouvelle des Mines de fer du Pavillon d'Angers, qui a amodié les deux concessions de Saint-Barthélémy et du Pavillon, a attaqué le gisement en partant d'un ancien puits d'ardoisières profond de 105 mètres, dont les 30 derniers mètres sont remblayés. Deux travers bancs aux profondeurs de 45 et 70 mètres ont recoupé les couches.

La couche B a été suivie au niveau de 45 mètres sur 280 mètres ; elle y est un peu argileuse et le minerai doit être débourbé ; elle a été également recoupée au niveau de 70 mètres, mais non suivie en direction.

La couche C a été suivie sur 320 mètres au niveau de 45 mètres et sur 90 mètres au niveau de 70 mètres.

Un deuxième puits d'ardoisières, profond de 110 mètres, sert de retour d'air aux travaux.

Un transporteur aérien de 500 mètres, traverse le chemin de fer et sert à opérer l'embarquement en chalands sur la Sarthe (50 tonnes à l'heure).

La mine est en outre raccordée au chemin de fer qui passe dans la concession, entre le puits d'extraction et la Sarthe.

L'exploitation, reprise fin 1911, fournit du minerai tenant en moyenne 52 o/o de fer et 12 o/o de silice.

L'extraction se développe et pourra atteindre 100.000 tonnes en 1912.

∴

2° *De la Maine jusqu'au-delà de la forêt de Longuenée.*

A l'Ouest de la Mayenne, le synclinal principal se divise en faisant apparaître au Sud un pli irrégulier et multiple allant d'Angers au Grand-Auverné par Candé, que nous étudierons en même temps.

La largeur du synclinal principal qui est de 3 kilomètres au droit de Trélazé et de Saint-Barthélémy, où il renferme les célèbres gisements ardoisiers dits d'Angers, se resserre à 1.500 mètres vers Avrillé où se trouve l'importante ardoisière de la Renaissance, de façon à faire place aux nouveaux plis du Sud.

Les mêmes couches doivent donc affleurer plusieurs fois. Sur la rive droite de la Maine, entre le bourg d'Avrillé et la Mayenne, on a trouvé en trois points, des travaux de date inconnue : dans le côteau de la Reculée, sur la ferme des Loges, où les travaux portaient sur une couche d'oxydulé et d'hématite brune ; à la ferme de l'Etang et au Tertre au Jau.

Dans le bois d'Avrillé qui sépare les deux plis susdits, on a retrouvé des traces d'exploitations et des morceaux considérables de scories de forges anciennes, probablement gallo-romaines, d'après les briques trouvées à proximité.

Plus à l'Ouest, sur le bord Nord, près du bourg du Plessis-Macé, il y avait autrefois de grands tas de scories provenant d'une forge remontant au XVIIe siècle au moins.

Enfin, dans la forêt de Longuenée, on retrouve des scories et du minerai.

Des travaux de recherches ont été faits en 1910 et 1911 aux environs de la forêt de Longuenée par M. de Lenglet et Mme de Tredern.

Les travaux de M. de Lenglet sont situés à la Fusellerie, à l'Est de la forêt et près de la Membrolle et d'autre part, au Sud de la forêt ; ils auraient recoupé les prolongements des couches de la concession du Pavillon, mais assez pyriteuses et coupées de failles et brouillages.

Les travaux de Mme de Tredern sont situés dans la forêt de Longuenée, notamment à l'Hermitage et à 3 kilomètres plus à l'Est ; des puits de 30 mètres auraient été creusés et auraient recoupé deux couches avec des puissances de 2 mètres environ, également assez pyriteuses.

M. de Lenglet et Mme de Tredern ont présenté des demandes en concession concurrentes.

***

3° *De la Forêt de Longuenée au Sud de Châteaubriant.*

Le prolongement de la bande de grès armoricain qui borde au Nord le synclinal est jalonné de recherches en cours : à la Chollaie, à 2 kilomètres à l'Ouest de Vern (M. Vezac) ; à la Gaudinière et à la Pillaye, au Sud de Loiré (M. J. Bernard).

Un peu plus à l'Ouest, au Nord des fermes du Haut Villatte et du Bas Villatte, à proximité de celles du Chêne et des Essarts, on trouve des scories et des fouilles anciennes, jalonnant sur 3 kilomètres des couches de fer oxydulé très dense et de bonne qualité, interstratifiées dans les grès et pouvant avoir chacune 2 à 3 mètres de puissance.

Plus à l'Ouest, il faut aller à 8 kilomètres, pour retrouver des traces des couches de minerai.

Elles sont probables dans le bois de la Source où on retrouve des amas considérables de scories ; elles sont certaines sur une ligne allant de la ferme de Cherfeuille au village d'Ardennes en passant dans la partie Sud du bois de Chanveau ; là, on suit des fouilles anciennes bordées d'amas de scories, jalonnant plusieurs couches parallèles, au moins trois ; on retrouve des puits profonds non encore éboulés.

Le minerai que l'on trouve dans la forêt est oxydulé ; du côté d'Ardennes, il est plus tendre, peut être de meilleure qualité et passe à l'oligiste.

Des travaux de recherches ont été commencés fin 1911, à l'Est du bois de la Source, à la Haye-en-Bru, par la Société de Commentry et Fourchambault.

A partir du bois de Chanveau, la direction des couches de grès armoricain, change brusquement et fait un crochet vers l'Est-Nord-Est, pour contourner l'avancée anticlinale vers l'Ouest des schistes précambriens de la Potherie et l'étroite avancée synclinale vers l'Est des schistes à Calymènes de la Craonnais, Ruigné, l'Etang de Maubusson, la Pouèze.

Au Sud de ce petit synclinal, les affleurements et les vieux travaux se suivent sur 5 kilomètres de l'Ouest à l'Est, depuis le Nord du bois de Chanveau jusqu'à la Minière.

Le village de Chanveau était autrefois un bourg important pourvu d'un château féodal, dont les fossés encore visibles ont des parapets en scories ; le sol des cours intérieures est noir, formé de débris de charbon de bois et de mâchefer ; il a dû y avoir là, autrefois, une usine importante.

Dans le bois du Boulay, qui suit à l'Est, les vieilles excavations jalonnent deux couches où existent encore des galeries ouvertes, mais pleines d'eau.

Autour de la ferme de la Minière, enfin, le sol est bouleversé de toutes part.

Des recherches ont été faites en 1872-1873 par Jules Garnier et Cie, aux environs de la ferme de la Minière : une tranchée à 120 mètres au Nord de la ferme a recoupé trois couches de fer oxydulé pauvre, séparées par des bancs de quartzites plus ou moins minéralisés, de sorte qu'elles n'ont ni toit ni mur nets ; une tranchée, à 200 mètres au S. O. de la ferme, a recoupé deux couches d'oligiste rouge et bleu ; un puits à 140 mètres au Nord de la ferme, au toit des couches reconnues par la première tranchée les a traversées réunies en une couche de fer oxydulé de sept mètres de puissance ; le minerai ne se sépare pas nettement des épontes et n'indique aucune stratification régulière, il se divise en prismes dont l'enveloppe est de l'hématite brune très riche, le centre du fer oxydulé pauvre passant quelquefois à l'oligiste ; on rencontre dans cet affleurement toutes les variétés de minerai depuis le fer oxydulé le plus riche, jusqu'à l'hématite et l'oligiste bleu à rayure rouge.

Dans la région de la ferme de la Minière, les affleurements des couches sont presque plats (pendage 15° Nord) ; c'est là en effet que se ferme le petit synclinal de le Craonnais, Ruigné, la Pouëze ; plus à l'Ouest dans le bois du Boulay, elles se redressent et les affleurements sont inclinés à 45°.

Ces recherches avaient motivé la demande faite en février 1874 par Jules Garnier et Cie, de la concession de Chanveau ; celle-ci fut refusée, non pas à cause de l'insuffisance des gîtes, mais parce que l'administration désirait voir quel parti on allait tirer des autres concessions octroyées autour de Segré.

Elles ont été récemment reprises par un syndicat de recherches qui a foncé un puits près de la ferme de la Minière.

La Société de Commentry, Fourchambault, qui a racheté les droits des héritiers de J. Garnier, a de son côté repris des recherches en concurrence.

A partir de la ferme de la Minière, la ligne de contact des grès et des schistes à Calymènes rebrousse vers l'Ouest et reprend sa direction générale. Au Nord du synclinal ardoisier de la Craonnais, Ruigné, elle est suivie, sur 7 kilomètres en ligne droite, d'affleurements qui s'étendent depuis la route de Saint-Michel et Chauveaux à Chanveau, jusque dans la partie méridionale de la forêt de Juigné-les-Moutiers en passant au Nord des fermes de la Blandellerie, de la Français et de la Basse-Fouillée, à travers le bois de Maubusson, près de Chanteloup et au Nord de la Borométrie.

Il y a là des quantités de scories : près de la ferme de la Blandellerie, dans le bois du Fouillé, le long de la rive Nord et dans l'eau de l'étang de Maubusson, dans le bois de la Garenne entre Saint-Michel et Juigné, au village de Teillais dans la forêt de Juigné, etc.

Des travaux anciens sont visibles au Nord et à proximité de la ferme de la Blandellerie, dans le bois de Maubusson où ils forment plusieurs lignes parallèles et dans la forêt de Juigné où les anciennes excavations s'étendent sur plus d'un kilomètre et ont encore environ 10 mètres de largeur.

Des fouilles superficielles avaient été faites autrefois par J. Garnier et Cie, à la Blandellerie et avaient trouvé du fer oxydulé et de l'oligiste, mais pas en place.

La Société des Recherches Minières de l'Ouest a commencé fin 1911 des recherches sur ce gisement.

***

4° *Sud de Châteaubriant.*

Au gisement précédent succède un hiatus de 10 kilomètres, où on ne trouve pas de minerai.

Il faut aller au Sud du Châteaubriant, entre les routes de Châteaubriant à Angers et de Châteaubriant à Nantes pour en retrouver régulièrement sur 2 kilomètres de longueur.

Ce minerai, bien que se trouvant à proximité et un peu au Nord du contact des schistes à Calymènes et des grès, n'est pas en place, mais doit être considéré comme un affleurement de couches profondément modifié, ainsi que le prouve la présence parfois de cailloux de grès armoricain roulés, prouvant un remaniement local évident.

Le minerai est répandu sur une bande irrégulière de 2 kilomètres de long et d'au plus 30 mètres de large, passant à la Feuvrais, à la Sepellière, à la Ferrière.

C'est une limonite brune massive, très homogène et en gros fragments ; vers la profondeur de 6 mètres au-dessous du sol, il repose sur de l'argile blanchâtre très homogène.

L'analyse a donné : fer, 45 à 48 ; silice, 15 à 20 ; phosphore, 0,47 à 0,48.

Ce gisement superficiel a été exploité dans les temps les plus reculés, car dans les scories qui occupent actuellement la place de l'eau de l'étang desséché du Chêne-au-Borgne, on a trouvé de nombreux débris de briques à rebords gallo-romaines. Les forges de la Previère, de Martigné-Ferchaud et autres, ont pris du minerai dans ce gisement ; il était extrait par les paysans eux-mêmes pendant la période de chômage de leurs travaux de culture, et lorsque les tas étaient suffisamment volumineux, ce minerai était transporté à la forge voisine.

Plus récemment, une minière a été exploitée de 1892 à 1899, à la Sepellière, et a produit 8.148 tonnes.

Après une interruption de 2.500 mètres, occupée en grande partie par des étangs, le minerai se retrouve à Louvrinais et se suit pendant 4 kilomètres; il se présente dans des conditions analogues aux gisements de la Feuvrais et de la Sepellière, mais mieux orienté suivant la direction des bancs de grès. Les anciens y ont laissé peu de traces de leurs travaux ; cependant, les scories sont nombreuses dans le voisinage.

A Louvrinais, au Sud de la ligne de Châteaubriant à Saint-Nazaire, le minerai forme une bande S.O.N.E., peut-être à cause d'un accident géologique hypothétique dont les étangs de la Gorbinière et du Chêne-au-Borgne, seraient une trace superficielle; on en a extrait, de 1890 à 1892, 4.493 tonnes de minerai très siliceux en rognons mêlés de quartz.

Le minerai se retrouve au Nord du chemin de fer, dans le petit bois à l'Ouest de la Chenaie, où une analyse a donné : fer, 47 ; silice, 15 ; phosphore, 0,37 ; puis, entre Quiffeu et Loiselière, où il forme une bande régulière de 800 mètres de long, peu large, d'hématite en rognons dans du sable et de l'argile, reposant à 5 ou 7 mètres de profondeur sur de la glaise blanche. Le minerai de Loiselière est un des meilleurs de la région : fer, 51 et 41 ; silice, 8 et 17,9 ; phosphore, 0,18 et 0,08 ; il a été exploité depuis 1892, d'abord par les Usines de Trignac, puis par M. de Poorter pour l'exportation, mais le gisement trop restreint ne se prête qu'à une faible production.

Au Sud-Ouest, de Loiselière, quelques petits amas se voient entre la Tardivière et le bois de la Daviais.

∴

5° *Gisements remaniés de la région Nord-Ouest de Châteaubriant.*

Sur les schistes précambriens de l'anticlinal de Châteaubriant, au Nord de la région que nous venons d'étudier se trouvent des gisements de remaniement et de transport, qui peuvent y être géographiquement rattachés.

Au Nord-Ouest de Châteaubriant, les schistes précambriens sont recouverts d'un manteau de sables rouges, d'argiles et de poudingues ferrugineux, composés de toutes les roches dures du voisinage en morceaux peu roulés, de dimensions les plus variables et appelés salards dans le pays. Ces couches horizontales et certainement supérieures au miocène se voient surtout dans les longues vallées et sur les plateaux occupés par les roches relativement tendres du précambrien.

Elles renferment quelques gisements de minerai de fer qui se présentent tous de la façon suivante :

Sous la terre végétale, existe quelquefois du sable rouge un peu argileux, ressemblant au sable décalcifié du miocène supérieur ou du pliocène inférieur, et dont l'épaisseur peut atteindre 2 mètres ; au-dessous on trouve toujours des bancs stratifiés d'argile grossière jaune ou brune épais de 1 m. ou 1 m. 50. Vers la région moyenne de cette argile, on commence à trouver des fragments de limonite arrondis et polis, d'abord rares et d'un petit volume, puis plus gros et plus nombreux, finissant par se réunir pour former une masse continue de blocs juxtaposés, mais séparés par des fentes irrégulières et argileuses. Plus bas, ces fentes disparaissent et la masse minérale peut-être assez dure et homogène pour nécessiter l'emploi de la poudre. L'épaisseur exploitable ne dépasse pas 2 m. 50 à 3 m. Le dépôt de minerai semble avoir été brisé par un tassement vertical et à travers les cassures ainsi produites, s'est élevée, dans la masse, l'argile blanche et homogène de puissance variable et souvent considérable, sur laquelle il repose toujours.

Dans le sens horizontal, l'épaisseur du minerai diminue de la manière la plus irrégulière et on a une série de cuvettes aux contours les plus accidentés, juxtaposées comme le sont les flaques d'eau d'un marais. Il arrive quelquefois que le minerai est sali par des sables ou des blocs roulés au point de devenir inexploitable.

Un gisement de ce genre se trouvait à la Noe, commune de Rougé, à 5 kilomètres à l'Ouest de Châteaubriant et à proximité de la station dite de Ruffigné sur la ligne de Châteaubriant à Ploermel ;

Il s'étendait sur 250 mètres de long et 80 mètres de large ; il a été exploité autrefois par les Hauts-fourneaux de la Hunaudière et de Martigné-Ferchaud, puis de 1883 à 1891 par les Usines de Trignac qui en ont tiré tout le minerai restant (16.000 tonnes).

Le minerai de la Noe était de qualité exceptionnelle : fer 51,06, silice 11, phosphore 0,21.

Un autre gisement, au Sud des Naudais à 1 kilomètre à l'Ouest à été exploité de 1897 à 1901 et a donné 22.000 tonnes : fer 38, silice et alumine 33, phosphore 0,6.

Un autre est exploité actuellement au Sud de Languedon par M. de Poorter : fer 46, silice et alumine 21, phosphore 0,44.

D'autres existent en divers points, à Bonneval, au Nord du hameau de Pérouse, etc.

*
* *

6° *Région de Sion.*

A partir de Saint-Aubin-des-Châteaux, la bande de grès armoricain que nous suivons depuis Angers, se soude à celle du bord Sud du synclinal précédent et jusqu'à Sion, où elle se rétrécit, la bande de grès armoricain qui recouvre ainsi l'anticlinal atteint 6 à 4 kilomètres de large.

A moitié distance entre Saint-Aubin-des-Châteaux et Sion et à 1 kilomètre au Sud de la route qui réunit ces deux bourgs, se trouvait le Haut fourneau de la Hunaudière ; c'était en 1881, le dernier de la région qui produisait encore de la fonte au charbon de bois ; il s'allumait quand la provision de charbon de bois était recueillie et s'éteignait lorsqu'elle était épuisée. Cette petite usine prenait son minerai dans le pays et le mélangeait avec un peu de minerai de Bilbao.

Le minerai en rognons forme en effet des amas superficiels que l'on suit parallèlement au contact des grès et des schistes à Calymènes :

A 1 kilomètre à l'Ouest de Saint-Aubin-des-Châteaux, au Sud de Nicore, la Société Minière de Bretagne exploite la petite minière de la Blandinais, où le minerai est en rognons sur 3 mètres d'épaisseur dans du sable argileux, reposant sur des glaises.

Du minerai se rencontre également au moulin Corbin et à la Bégaudière.

Mais il est surtout abondant à la Haute-Noe, à 2 kilomètres à l'Est de Sion, au bord Nord de la route de Sion à Châteaubriant, où il est exploité par M. de Poorter (50 ouvriers, 90 à 100 tonnes par jour) et par la Société Nantaise (15 ouvriers, 20 à 30 tonnes par jour).

Sous 1 mètre au plus de terre végétale, le minerai forme une épaisseur de 4 mètres en blocs de plus en plus gros vers le bas où ils atteignent 1/2 mètre cube ; il repose sur des glaises ou sur le grès armoricain ; par endroits on devine une stratification inclinée vers le Sud de quelques degrés ; la surface occupée par le minerai est longue de l'Ouest à l'Est, mais étroite du Sud au Nord.

On peut penser que ces minières se trouvent sur l'affleurement des couches repliées à plat vers le Nord. La couche ainsi repliée à plat sur l'anticlinal, y dessinerait des ondulations peu accentuées ; l'érosion aurait enlevé sur l'anticlinal une partie de la couche ainsi ondulée et c'est sur les plis restant que se trouveraient les anciennes excavations plus au Nord et que porteraient les recherches de la Société Nantaise dont nous avons parlé au paragraphe précédent.

Le minerai de la Haute-Noe tient en moyenne 45 à 47 o/o de fer, 14 à 16 o/o de Silice, 4, 5 o/o d'Alumine, 0,6 o/o de phosphore avec des traces de manganèse, M. de Poorter le transporte à la gare de Luzanger par une voie de 0 m. 60, longue de 12 k. 400 ; la Société Nantaise le transporte par roulage aux gares de Luzanger et de Ruffigné et cette sujétion onéreuse, l'empêche de développer l'exploitation.

*
* *

7° *Région de Fougeray.*

A l'Ouest de Sion, la ligne de contact des grès et des schistes à Calymènes, décrit un rebroussement de 4 kilomètres vers l'Est puis reprend sa direction vers l'Ouest en passant à Fougeray.

A 1.800 mètres à l'Est de Fougeray, au Nord de la Belle-Etoile, sur le sommet d'un côteau, des deux côtés de la route de Derval à Bain, le minerai forme sur 1 kilom. [2] un amas superficiel allongé de l'Est à l'Ouest. Sous 1 m.50 de terre de recouvrement, il forme une épaisseur de 3 mètres en rognons d'hématite dans du sable argileux. Ce gisement a été exploité autrefois pour le Haut fourneau de la Hunaudière ; une moyenne de 8 analyses faites aux Forges de Tabago en 1880 a donné : 40, 26 o/o de fer et 18, 0 o/o de silice. Ce gisement a été repris récemment par M. de Poorter.

A l'Ouest de Fougeray, à la ferme de la Préverie et près des fermes de la Roulais et de Neufville, on trouve un gisement analogue, avec des scories anciennes au voisinage ; quelques fouilles peu sérieuses y ont été faites autrefois pour les Forges de Tabago.

*
* *

8° *Région de Saint-Ganton.*

Le grès armoricain se prolonge bien au delà de la Vilaine, jusqu'au delà de Malestroit, de plus en plus retréci vers l'Ouest :

On n'y trouve plus d'indice de minerai de fer.

Toutefois, on raconte qu'à Merienneuf à 2 kilomètres 500 au S. O. de Saint-Ganton, un puits de 55 pieds est tout entier dans le minerai et n'en a pas trouvé la fin et que cet affleurement se suivrait sur la lande de la Butte-aux-Anes et sur la lande de Quilly (S. E. de Saint-Just).

§ 7. — Schistes gothlandiens du Synclinal (n° 12) de Saint-Barthélémy, Erbray, Pierric, Malestroit.

La bande de grès armoricain que nous venons d'étudier est bordée au Sud par une bande de grès et schistes gothlandiens atteignant 6 km. de large et occupant le centre du synclinal de Saint-Barthélémy à Malestroit. Les affleurements multipliés et compliqués des phtanites, qui, en Maine-et-Loire, accompagnent les schistes supérieurs, montrent que le remplissage gothlandien du synclinal ne forme pas un pli unique, mais présente des ondulations secondaires, nombreuses et compliquées.

Les schistes supérieurs du gothlandien sont fins, feuilletés, argileux, et s'altèrent facilement ; ils contiennent des lits de phtanite bleuâtre en plaquettes, avec graptolites et à leur partie supérieure des lits de sphéroïdes siliceux avec fossiles, notamment avec des orthocères.

Ils renferment par endroits des lits de minerai de fer carbonaté, que l'on ne connaît pas dans les deux synclinaux du Nord.

On ne connaît pas grand chose jusqu'ici sur ce minerai gothlandien et nous nous bornerons à décrire successivement les gisements que l'on connaît.

*
* *

1° *Environs d'Angrie.*

Dans la région d'Angrie, des affleurements de minerai de fer avaient été signalés depuis 1854 par Millet. Danton y fit vers 1880 des travaux de recherches qui jalonnèrent sur 5 kilomètres une couche passant de l'Est à l'Ouest entre la Boussière et la Rincerie, aux Maisons-Vertes, au Moulin de la Boserie et entre la ferme des Conalonnières et la Rivière-Besnard.

Cette couche s'épanche sur le sol suivant la pente de la surface avant de prendre son pendage normal entre les strates régulières du terrain, comme le font souvent les couches des grès armoricains ; elle est dirigée Est Ouest et plonge vers le Nord en s'approchant de la verticale. Le minerai des affleurements est une hématite brune ayant l'aspect des minerais gréseux et tenant silice 20 ; fer 40,38 ; phosphore 0,290 ; dès la profondeur de 14 mètres, le minerai se compose de masses irrégulières et confuses de fer carbonaté, d'hématite rouge et même de fer oxydulé magnétique.

D'autre part, suivant une ligne parallèle plus au Nord qui passerait vers la gare d'Angrie-Loiré, des minerais superficiels, d'aspects les plus variés, grès ferrugineux bleus, minerai rouge, minerai oligiste en feuillets contournés, etc... décèlent un autre affleurement.

Des recherches ont été faites sur celui-ci, près de la gare, par M. J. Bernard ;

elles auraient rencontré une formation de 10 mètres de puissance de fer carbonaté ; analogue à celui de Normandie et donnant 54 o/o de fer et 7 de silice après grillage ; l'analyse du minerai cru donne :

SiO^2	Al^2O^3	Fe	Mn	CaO	MgO	S	P
5,2	2,43	39,9	0,35	4,92	0,66	0,027	0,886

La Société de Commentry-Fourchambault, qui a racheté les droits des héritiers de Danton et Garnier, entreprend, paraît-il, des recherches concurrentes.

***

2° *De la Forêt-Pavé à Luzanger.*

Sur la lisière de la Forêt-Pavé, située à 8 km. au Sud de Châteaubriant, à son intersection avec la route de Châteaubriant à Nantes, on voit des traces d'exploitations anciennes dans les schistes gothlandiens et des scories.

Autour de Louisfert, les monceaux de scories et les traces de minerai abondent, mais on ne peut discerner aucun affleurement sérieux.

Dans la forêt de Domnaiche, une région dite la Bauche-des-Mines est remplie d'excavations d'où l'on aurait extrait du minerai de fer, d'après M. Léon Maitre.

A la Chaussée, à 1,500 mètres au S.-E. de Luzanger, on a, paraît-il, extrait du minerai vers 1911, pour le fourneau de la Hunaudière ; le terrain occupé par les anciennes fouilles est fort étendu ; on y retrouve des scories anciennes et des morceaux de limonite brune et jaune très impure, mélangée de noyaux de quartz blanc.

***

3° *Entre la Vilaine et l'Aff.*

De Luzanger à la Vilaine, la bande de gothlandien se double au Nord, d'un petit synclinal accessoire ; on n'y a pas signalé de traces de minerai ; il faut aller jusqu'à Beslé, au bord de la Vilaine, pour trouver quelques indices.

Entre la Vilaine et l'Aff, le minerai est plus abondant ; il a été activement exploité de 1874 à 1880 pour l'exportation et pour les usines de Tabago et de Port-Brillet.

Au Haillerais, à 1.500 mètres de Brain, on a exploité activement une limonite brune passant à la sidérose en profondeur (Fer 38 ; silice 10,4).

Au Tertre, à moitié distance de Brain et Renac, il y a eu des exploitations, aujourd'hui si bien remblayées qu'on ne peut plus en trouver trace ; le minerai tenait : fer 38,34 ; silice 25.

Au château du Brossais, à 1 km. à l'Ouest de Renac, affleure une couche de 2 mètres de puissance, sous forme d'hématite brune mélangée de schiste.

Au château du Petit-Bois, à 500 mètres au N.-O. de Renac, il y a eu autrefois une petite exploitation (Fer 50, silice 15,7).

A 3 km. à l'Ouest de Renac, au Trobert s'étend sur une longueur de 200 à 300 mètres une ancienne minière des forges de Tabago ; elle fournissait un minerai très fusible, léger, poreux, schisteux, géodique, d'aspect pauvre et dont on a cependant tiré bon parti (Fer 43,5, silice 15). Le gite est très irrégulier et n'aurait pas pu être utilisé si sa situation élevée au-dessus de la vallée ne l'avait pas mis hors de l'eau.

A la Ferrière, à 3 km. 500 à l'Est de l'Aff, on voit une série d'excavations d'au plus 4 mètres de profondeur, d'où l'on a extrait autrefois une hématite brune, crevassée, mélangée de parties schisteuses souvent blanches et talqueuses (Fer 40, silice 15).

***

4° *De l'Aff à Malestroit.*

Au voisinage de sa traversée par l'Aff, entre Cournon et Glénac, la bande des schistes gothlandiens que nous suivons depuis Saint-Barthélémy, présente des affleurements très nets ; en cet endroit, les schistes supérieurs du gothlandien sont de couleur bleue grisâtre ou jaunâtre, siliceux, séricíteux ou micacés, à feuillets courts et interrompus, difficilement clivables ; on les appelle « cosse » dans le pays. Le minerai affleure en plusieurs endroits, notamment sur la rive gauche de l'Aff, au moulin de Cournon ; puis, sur la rive droite, à la Chouannière ; puis, 300 mètres plus à l'Ouest, au sommet du coteau qui porte à la cote 64, le château du Haut-Sourdiac ; enfin, 200 mètres plus à l'Ouest dans le domaine dit du Tertre. Les affleurements ont été l'objet d'anciennes exploitations à ciel ouvert ayant laissé des excavations d'au plus 40 mètres de large, 200 mètres de long et 25 mètres de profondeur; ces excavations ne sont pas rigoureusement alignées et semblent porter sur des tronçons d'une même formation ferrifère, disloquée.

Le minerai forme des amas irréguliers disposés en chapelet; il n'est pas séparé nettement du schiste qui le contient, mais s'y fond progressivement en finissant par se réduire à une simple coloration.

A la surface, le minerai est une hématite brune, rarement rouge, concrétionnée, géodique, à cavités irrégulières pleines d'argile jaune; des débris schisteux y sont abondants, surtout près des parois où le minerai devient de plus en plus pauvre.

Vers 10 à 15 mètres de profondeur, on trouve du fer carbonaté, appelé par les ouvriers blandin, compact et gris sale, partiellement transformé en oxydes hydratés, la transformation étant de plus en plus complète au voisinage de la surface. On trouve quelquefois dans le minerai un peu de mispickel, de galène, de pyrite.

Les premiers travaux d'exploitation dans cette région paraissent avoir été faits dès 1844 par la forge du Vaublanc et celle de la Noe, puis jusqu'en 1880, par les forges de Tabago.

La teneur du minerai (36 à 38 o/o de fer) et sa gangue argileuse le faisaient à ce moment apprécier beaucoup.

En 1872, MM. Doré et Cie, fondeurs-constructeurs au Mans et en 1903, M. Chaumel ont fait quelques travaux de recherches; ceux-ci ont montré le peu de continuité et l'irrégularité du gisement; ils ont établi notamment que le gisement du Tertre était limité au Sud par une faille inclinée de 50° vers le Nord.

L'exploitation à ciel ouvert du gisement du Tertre a été reprise de 1906 à 1908 par M. de Poorter, puis de 1909 à 1911, par M. de Tonquédec. La Société des Mines de Segré la reprendrait prochainement.

La minière du Tertre a la forme d'une tranchée à ciel ouvert, longue de l'Est à l'Ouest de 70 mètres environ, large du Nord au Sud de 20 mètres et profonde de 20 mètres environ; du fond part une galerie d'écoulement et de roulage longue de 200 mètres et débouchant au flanc d'un coteau, où se trouve un four de grillage, à proximité de l'Aff, qui est accessible aux petits bateaux et par où le minerai était conduit à Redon pour l'exportation.

Le minerai oxydé tient 42 o/o de fer; le minerai carbonaté tient 36 à 38 o/o de fer à l'état cru et après grillage, 45 à 50 o/o de fer, 15 à 20 o/o de silice et environ 3 o/o d'alumine.

Cette minière a fourni à elle seule pendant les dernières années, toute la production du département du Morbihan, que nous avons indiquée en commençant cette étude.

A 2 km. au N.-E. du bourg de Fougerets, de part et d'autre de la route de Saint-Martin à la Gacilly, entre les villages de la Ville-Basse et de la Ville-Macé, se trouvent les affleurements dits des Fougerets, reconnus et déjà exploités par les anciens sur une longueur de 1.500 mètres. Ils sont dans un schiste tendre passant à l'argile bleue ou jaune claire, sensiblement vertical où le minerai forme des lentilles allongées dont l'épaisseur maximum n'a pas 2 m. 50; le minerai est sali par des noyaux et des grains de quartz blancs, disséminés dans la masse et difficiles à éliminer par triage. L'analyse sur la charge de 2 bateaux a donné : Fer 37,03 ; silice 24,14 ; phosphore 0,941.

Plus à l'Ouest, au N. de Saint-Martin, une série de fouilles superficielles en ligne droite a été creusée il y a une quarantaine d'années de part et d'autre du ruisseau qui alimente l'étang de Vaulaurent, sur la suite vers l'Ouest du gisement précédent. Le minerai devient très rapidement pyriteux et inexploitable dès la profondeur de 4 m. 50. L'analyse sur la charge de deux bateaux a donné :

Fer 43,46; silice 17,16; phosphore 0,538

Tout à fait à l'Ouest de la bande de silurien supérieur que nous suivons, il faut citer des gisements alignés entre Trédion et Malestroit, à proximité des lieux dits l'Abbaye, Launay-Gripon, Bochau, Le

Guerly, etc... L'ancienne forge de Tredion, située au bourg de ce nom, au Nord d'Elven s'y approvisionnait.

§ 8. — Bord Sud du Synclinal (n° 12) de Saint-Barthélémy, Erbray, Pierric, Malestroit.

La bande que nous venons d'étudier est bordée au Sud par une bande de grès armoricain, qui présente quelques affleurements de minerai ; cette bande, à l'état de lambeaux assez puissants mais interrompus forme l'anticlinal de Freigné ; à l'Ouest du Grand-Auverné, elle devient plus régulière, mais s'amincit progressivement en se contournant autour de la masse de schistes anciens d'Issé, pour finir au Sud de la forêt de Domnaiche.

Il n'y a pas d'affleurements à signaler.

A Saint-Léger-du-Bois, au lieu dit la Ferrière, de nombreux tas de scories et des mouvements du sol font pressentir l'existence du minerai.

Entre le Grand-Auverné et Issé, la bande de grès armoricain en question dessine une longue et étroite avancée synclinale dans les schistes anciens d'Issé; vers l'extrémité Ouest de ce petit synclinal, il y a des affleurements notables. A l'Est du village de Beaumont, on voit des scories et des affleurements de minerai de fer pauvre, gréseux, mais abondant ; (Fer 39,4 ; silice 28), des fouilles faites autrefois en ce point n'avaient rien révélé d'exploitable ; cependant des minières viennent, paraît-il, d'y être ouvertes. Un peu plus à l'Ouest, près de Couëtreux, il y a encore des scories et des affleurements.

Enfin, non loin de la terminaison de la bande, à 2 km. au S.-E. de Saint-Vincent-des-Landes, la route d'Issé traverse le village du nom caractéristique de la Minière.

En suivant le contact des grès et des schistes à Calymènes à l'Est de ce village, on trouve sur 3 km. des affleurements d'hématite brune de belle qualité, notamment près de la ferme de la Bremondière, au Sud de la Galpiais et du Breuil, puis en arrivant à la Renardière et jusqu'au moulin du Fretay.

§ 9. — Synclinaux n° 14, Saint-Maurille, Le Houx, Nozay, Guémené-Penfao, Redon, Saint-Jacut, Malansac.

N° 15, Bouchemaine, Vioreaux, Riaillé, Rieux.

N° 16, Teillé, Blain, Béganne.

Au Sud du grand anticlinal des landes de Lanvaux, Issé, Freigné, etc., s'étend une bande qui présente en abondance du minerai superficiel.

Ce minerai, la plupart du temps en rognons et en tous cas, toujours remanié repose sur des glaises épaisses, qui ne laissent pas apercevoir les terrains sous jacents. Lorsqu'on peut les déterminer on n'est pas plus avancé et on ne peut préciser l'âge géologique du minerai car on n'a pu généralement jusqu'ici trouver en place le gisement dont les affleurements remaniés ont produit le minerai superficiel que l'on connaît en de si nombreux points.

La constitution géologique de la région est d'ailleurs très hypothétique en raison des difficultés de son étude : absence de fossiles, variations dans le facies clastique des différents niveaux, altérations superficielles profondes.

Nous ne donnons celles qui va suivre que sous toutes réserves.

*
* *

1° *Géologie de la région.*

Le *grès armoricain* forme une étroite bande, qui est disloquée et confondue avec la précédente à l'ouest sur l'anticlinal de Freigné. et qui, à l'Est est régulière et borde au Sud les schistes anciens d'Issé, Treffieuc et Conquereuil, affleurant nettement à Villechoux (S du Grand-Auverné) au Pas-Adèle (N. d'Abbaretz) à Grand-Jouan (N. de Nozay) et se terminant amincie graduellement vers Guémené-Penfao.

Les *schistes à Calymènes* forment deux bandes également très étroites : l'une soudée à Freigné avec celle du Grand-Auverné à Candé et la Pouèze, passe à

Villeneuve (Sud du Grand-Auverné), Nozay, Guémené-Penfao, Rochefort-en-Terre, et se fond vers Elven dans les terrains métamorphisés ; l'autre dessine au Sud de la précédente une bande que l'on suit au Sud de la Loire du moulin de Princé à la Roche de Murs, puis au delà de la Loire par Bouchemaine, Saint-Léger, jusqu'au bourg de la Cornouaille où la faille de Gandé la rejette au Nord; à l'Ouest de cette faille, elle se suit sans interruption par Saint-Mars-la-Jaille, Bonnœuvre, la forêt d'Ancenis, la Meilleraie, le Maffray (6 kilomètres à l'Est d'Abbaretz). Recouverte dans la région d'Abbaretz par le limon, elle reparaît au delà, et on la suit, mais avec plus de difficulté en raison de ses caractères peu accusés et de ses maigres affleurements par le Pavillon, Toulon (Sud de Nozay), Laubaudière, La Chénaie (N. de Vay), Le Pré-Rocher, Guénouvry, Mézillac, jusqu'à Guémené-Penfao où elle se soude à la bande précédente.

Cette bande sépare le synclinal du Houx au Nord du synclinal de Teillé Mouzeil au Sud.

Gothlandien. — Le synclinal du Houx est occupé par le grès à Calymenella. Plissé en un seul synclinal à l'est, de Freigné à Abbaretz, et à l'Ouest, de Nozay à Guémené, il forme deux plis (de Beaulieu et du Coudray) dans la partie moyenne entre Abbaretz et Nozay.

Dans les régions d'Abbaretz et de Nozay, où disparaissent les plis secondaires de Beaulieu et du Coudray, les couches sont sensiblement plates.

Le centre des plis est occupé par des schistes, qui s'élèvent jusqu'aux schistes ampéliteux. Ces schistes sont très métamorphisés par la granulite profonde, à la présence de laquelle peut être relié un stockwerck stannifère qui recoupe la région, d'Abbaretz à Vay ; ils sont micacés et décomposés, au point de former parfois une glaise ayant l'aspect du kaolin, qui est exploitée au Nord d'Abbaretz pour la falsification des engrais.

Le synclinal de Teillé-Mouzeil est occupé par des schistes gris, verts et rouges, dits de la Poitevinière (gris) ou de Saint-Perreux (rouge) avec quelques lits de grès jaunâtres, verts et rouges qui représentent sans doute toute la série du silurien supérieur y compris l'étage du grès à Calymenella qui aurait ici un faciès schisteux.

Cette large bande est en grande partie métamorphisée, comme nous l'avons dit en commençant cette étude.

Incidemment, nous devons dire ici que c'est arbitrairement que nous avons rangé, au début de l'étude du minerai breton, le grès à Calymenella et les schistes à Trinucléus dans le gothlandien; on a tendance maintenant à les ranger dans l'ordovicien, comme nous l'avons fait à propos du minerai Normand pour le grès de May, qui correspond au grès à Calymenella et pour les schistes à Trinucléus de Normandie. Ce choix a été fait d'accord avec la carte géologique au 1/80.000ᵉ, pour permettre d'y suivre plus facilement notre description. La question n'a d'ailleurs pas d'importance au point de vue qui nous occupe.

Cette description est hypothétique en raison des caractères peu nets du silurien supérieur.

On peut soutenir que le pli du Houx est un anticlinal de grès armoricain et que les plis secondaires de Beaulieu et du Coudray sont de petits synclinaux sur la voute de l'anticlinal de grès, remplis par des schistes à Calymènes profondément transformés par le métamorphisme.

***

2° *Mode de gisement du minerai.*

L'existence des plis secondaires susdits explique que l'on trouve des produits du remaniement des niveaux ferrifères, non seulement le long du bord Nord du synclinal du Houx, mais aussi au voisinage des plis secondaires. Une couche de minerai doit affleurer plusieurs fois et notamment doit s'offrir à plat sur une grande étendue dans les régions d'Abbaretz et Nozay, où l'érosion l'a triturée pour y former des gisements superficiels abondants.

Tous ces gisements sont analogues.

Sous la terre végétale, peu épaisse et contenant déjà des fragments de limonite, on trouve des argiles, d'abord jaunes, puis de plus en plus colorées en brun, qui renferment des rognons de minerai subanguleux et grossièrement arrondis.

Ces rognons, d'abord petits et disséminés, deviennent de plus en plus nombreux à mesure qu'on descend, et finissent par constituer un banc continu, d'abord fragmentaire, puis homogène, continu et stratiforme, dont chaque lit est séparé du suivant par une petite couche argileuse très mince. La masse devient quelquefois compacte et rocheuse, au point de nécessiter l'emploi de la poudre pour l'abattage. La formation en rognons atteint au plus 2 mètres, et la formation massive au plus 3 mètres ; le tout repose sur une épaisseur indéterminée d'argile blanche, qui s'élève dans des cassures irrégulières verticales découpant la masse solide horizontale.

L'état d'altération, d'érosion et d'épanchement des couches hypothétiques est très variable ; on ne trouve le plus souvent en surface que des rognons dans des sables glaiseux ; l'altération a été si intense, qu'à certains endroits, les produits ont agglutiné les sables superficiels au point d'en faire des « grisons » ou faux minerais de fer.

*
* *

3° *Bord Nord du Synclinal du Houx.* — Sur le bord Nord du synclinal du Houx, les gisements connus sont les suivants, de l'Est à l'Ouest :

Au Nord de la Meilleraie, entre la Gannerais et Fraîche-Michel, existait un gisement important, qui n'est plus marqué que par les bouleversements du sol, car il a été exploité pour les forges de Moisdon (Caratel et la Forge-Neuve), et ce qui restait à glaner a été pris vers 1890 pour les forges de Trignac. Le minerai donnait 46 o/o de fer et 16 o/o de silice.

Des traces de vieux travaux et des morceaux de minerai se suivent à l'Ouest, dans le bois de la Foi et près du village de la Corbière.

A 3 kilomètres à l'Ouest, se trouve le gisement du Houx ; il y avait là deux minières, à l'Est à l'Ouest de la route de Nort à Issé, sur le méridien du Haut-Houx ; il en a été tiré 86.000 tonnes environ de 1882 à la fin de 1904, pour les forges de Trignac ; le minerai atteignait parfois une épaisseur de 4m 50, dont 1m 50 en rognons dans l'argile jaune et 3m massif ; il tenait 45 o/o de fer, 14 o/o de silice.

Plus à l'Ouest, signalons les gisements de l'Herminière et du Moulin de Grand-Jouan, au Nord de Nozay, où l'on n'a pas entrepris de travaux, mais qui paraissent peu importants.

*
* *

4° *Bande de la Meilleraie, Abbaretz, Nozay.*

Sur une bande passant à La Meilleraie, Abbaretz, Nozay, le minerai formait et forme encore des gisements superficiels importants. Il a été autrefois l'objet d'une active exploitation qui alimentait les hauts-fourneaux au charbon de bois de la Poitevinière (N. de Riaillé), de la Provotière et de Bourg-Chevreuil (O. de Riaillé), de la Jahotière (entre la Meilleraie et Abbaretz). Ce dernier, le plus récent, a fonctionné de 1828 à 1863 ; on y a même essayé l'emploi de coke, fabriqué avec la houille de la concession de Languin et un peu de houille anglaise.

Des débris de forges anciennes se rencontrent en grande quantité dans les communes de Saint-Mars-la-Jaille, Bonnœuvre, Riaillé, la Meilleraie, Abbaretz, surtout dans les forêts de Saint-Mars, d'Ancenis (le Château-Morin, la Ferrière, les Terteaux, la Chapelle-Saint-Clément), de Vioreau et de l'Arche.

D'anciennes minières ont laissé des excavations en de nombreux points :

Notamment, à 3 kilomètres environ au Nord de Riaillé, près du hameau de la Ferrière, on voyait encore, il y a quelques années, l'emplacement d'anciennes minières, sur une longueur de 600 mètres et une largeur de 200 mètres.

A l'Est de la Meilleraie, les anciens ont extrait du minerai au Touillon et au Teil ; en ce dernier point, on voit encore une longue et profonde tranchée Est-Ouest.

Dans la forêt de l'Arche, il y a beaucoup d'anciens travaux qui paraissent moins anciens que les précédents. Ceux de la Jahotière ont été repris en 1882 pour les usines de Trignac, mais cette exploitation a été abandonnée au bout d'un an et demi (4.000 tonnes). Le minerai tenait 46 o/o de fer et 20.49 o/o de silice ; le triage était difficile et la gangue argileuse très adhérente.

Dans toute cette région, le minerai a été l'objet d'une exploitation très intense autrefois, dont les vestiges ont en grande partie disparu; on ne peut plus guère y trouver que des lambeaux isolés, et il est à craindre que ces lambeaux aient été laissés parce qu'ils étaient trop siliceux, à moins que ce ne soit parce qu'ils étaient trop rocheux.

Dans la région d'Abbaretz à Nozay, le minerai a été également exploité en minières depuis longtemps, plus récemment pour les Usines de Trignac, à partir de 1887, notamment aux environs de Beaulieu et du Maire, entre Abbaretz et Nozay, et à la Brianderie, l'Aulnais, le Tertre, Ville-Ville, à l'Ouest et près de Nozay.

Ces gisements portent l'empreinte d'un remaniement profond et sont très irréguliers, aussi bien comme épaisseur minéralisée que comme qualité de minerai; l'argile sur laquelle repose le minerai, et qui forme sa gangue, contient souvent du mica et du kaolin provenant de la décomposition des massifs de granulite visibles à l'Ouest de Nozay.

Au Maire, on a tiré, de 1889 à 1894, 28.871 tonnes de minerai, tenant environ 45,5 o/o de fer et 15 o/o de silice.

A l'Ouest de Nozay, on a tiré, de 1887 à 1890, 63.891 tonnes de minerai; celui de la Brianderie était très bon (56 o/o de fer, 5,5 o/o de silice); celui de l'Aulnais, à 300 mètres à l'Ouest du précédent, était de qualité inférieure (46,49 o/o de fer, 21,3 o/o de silice), mélangé de schiste de plus en plus abondant vers l'Ouest, mais atteignant 5m 25 d'épaisseur; celui du Tertre était, par endroits, aussi bon que celui de la Brianderie, mais devenait, vers l'Ouest, schisteux, friable et pauvre; celui de Ville-Ville, mêlé de morceaux de quartz, passait aux bords de l'amas à un poudingue ferrugineux.

Plus à l'Ouest, dans la commune de Vay, des vieux travaux existent à Boyanne et à la ferme du Souchais (800 mètres à l'Est de la Grignonnais); en ce dernier point, on voit, au Sud de la ferme, des fragments épars d'hématite et d'oligiste très anciennement exploités. Une analyse de ces fragments a donné 61,89 o/o de fer et 7,78 o/o de silice.

Dans la région d'Abbaretz et de Nozay, le minerai restant à prendre est encore assez abondant et des minières y sont actuellement en activité.

Les principales sont situées comme suit : A l'Est d'Abbaretz, à la Duchetaie, aux Placières; entre Abbaretz et Puceul, aux Pierres-Rouges; entre Abbaretz et Nozay, à la Villefoucré, au château de Beaulieu; enfin, près de Nozay et à l'Ouest du méridien de Nozay, la minière de la Brianderie, les quatre minières du Tertre (au voisinage de la route de Marsac), et la minière de la Trépanderie.

La Minière de la Brianderie et trois minières du Tertre sont exploitées par la Société des Mines de Vendée (80 ouvriers, 100 t. par jour), celle de la Trépanderie est exploitée par la Société Nantaise (15 ouvriers, 20 t. par jour).

Les autres, qui occupent 5 à 15 ouvriers, étaient exploitées par M. Borie, de Nozay, associé à M. de Tonquedec, de Redon; elles viennent d'être rachetées par la Société des Mines de Segré.

En 1911, il a été expédié environ 11.000 tonnes de minerai par la gare d'Abbaretz et 28.000 tonnes par celle de Nozay.

Des recherches en profondeur ont été commencées à l'Est d'Abbaretz, aux Nauneries, par la Compagnie Minière Armoricaine; elle y a reconnu en même temps des gisements superficiels abondants, sur lesquels une grande exploitation en minière est projetée.

Ces gisements se présentent nettement interstratifiés dans des grès avec une puissance de 3 à 4m et faible pendage Sud.

4o *Synclinaux gothlandiens de Bouchemaine, Vioreaux, Riaillé, Rieux* (no 15) *et de Teillé, Blain, Béganne* (no 16).

Au Sud de la région que nous venons d'étudier, le gothlandien est plissé plusieurs fois, suivant le synclinal de Bouchemaine, Vioreaux, Riaillé, Rieux et le Synclinal de Teillé, Blain, Béganne; pas plus qu'au Nord, on ne connaît de minerai de fer interstratifié, mais on trouve quelquefois des gisements superficiels de minerai de fer.

Comme nous l'avons dit, la mer a envahi la Basse-Bretagne à l'oligocène moyen (lutétien) par la Grande-Brière, Saint-Gildas-des-Bois, Blain et Nort; elle s'est étendue ensuite à l'oligocène, suivant le méridien de Rennes, jusqu'a Rennes, et s'est retirée au pliocène ; elle a déposé des sables et calcaires.

Postérieurement se sont formés des argiles et sables rouges avec graviers quartzeux, très répandus sur toute l'étendue de la Bretagne, jusqu'aux plus fortes altitudes ; ils paraissent attribuables à une altération des terrains sous l'action des pluies abondantes, à une décalcification des dépôts marins antérieurs, plutôt qu'à un dépôt dans une mer pliocène.

Ces sables sont souvent agglutinés en poudingue connu sous le nom de renard ou salard, par de l'oxyde de fer ; dans le cas le plus complexe, on rencontre de haut en bas : des blocs de poudingue, à très gros éléments peu roulés formés de toutes les roches de la région, réunis par un ciment ferrugineux ; puis des argiles impures sableuses, puis des sables rouges homogènes, meubles lorsque chaque grain siliceux est noyé dans l'argile ; compactes, lorsque le ciment argileux s'est chargé d'oxyde de fer ; puis une zone de graviers, puis des argiles blanches, homogènes compactes, directement assises sur les roches du sol gothlandien. Toutes ces assises, ou quelques-unes, peuvent manquer.

On y trouve souvent du minerai de fer entre le sable rouge et les argiles du fond. Il paraît provenir soit de remises en mouvement et de concentration du minerai de fer disséminé dans les terrains sous-jacents, soit du transport de ce minerai.

Dans la *forêt du Gâvre*, les sables rouges atteignent peu d'épaisseur par endroits ; les anciens y ont exploité par puits et galeries entre ces sables et les argiles du fond, une couche de minerai de fer de 1 mètre, sorte de poudingue à ciment argileux très friable, dont les éléments roulés sont formés de toutes les roches de la région et aussi de noyaux de fer hématite très riche (55 à 56 o/o), mais malheureusement trop disséminés ; ces galets ont souvent des formes anguleuses qui prouvent que leur gisement est peu éloigné.

Des restes de ces exploitations, remontant à l'époque gallo-romaine, existent près de l'Epine-des-Haies, au Nord de la forêt ; des amas considérables de scories existaient en trois points de la forêt du Gâvre, et aussi près de la ferme du Prélon (à 6 km au N.-E. de Blain), dans le bois du Luc (au N.-O. de la forêt), etc...

Les Usines de Trignac ont fait faire, vers 1882, des recherches dans cette région, qui n'ont donné aucun résultat intéressant ; on s'est borné à exploiter les scories anciennes.

Des gisements du même genre sont indiqués en beaucoup de points vers l'Ouest, toujours dans les sables rouges à la surface du gothlandien. Des scories anciennes se rencontrent souvent, particulièrement entre le Don et Redon ; du minerai existe notamment sur la lande de Mercerais, aux environs du bourg d'Avessac ; cette région a été inutilement étudiée par les Forges de Tabago, qui étaient situées à courte distance ; pour ces forges, on a cependant extrait, au village du Tertre, à 2 km au Sud de Saint-Nicolas-de-Redon, un peu d'hématite brune, mais sa richesse en fer était tellement irrégulière et sa teneur en silice tellement exagérée, qu'il a été impossible de l'utiliser.

*
* *

5° *Synclinal gothlandien de Redon-Malansac.*

A l'Ouest de Redon, le gothlandien forme une longue et étroite bande resserrée entre le massif des landes de Lanvaux, au Nord, et la granulite d'Allaire, au Sud, qui l'a profondément métamorphisé et chargé de chiastolite.

Aux environs de Saint-Jacut, le synclinal est divisé en deux par une étroite bande anticlinale de schistes à Calymènes. De part et d'autre de celle-ci, des vieux travaux marquent les affleurements d'une formation de minerai de fer.

Ceux du Sud, situés près du Bois-d'Avy, commencent à proximité du ruisseau de Grac et s'étendent à l'Est et surtout à l'Ouest, sur une longueur de 500 mètres ; ce sont de grandes tranchées elliptiques, grossièrement alignées sur quelquefois plusieurs lignes parallèles, dont la profondeur atteint 10 mètres, dont la largeur variable dépasse 50 m.

en plusieurs points. Des arbres séculaires y ont poussé.

Dans un schiste noir bleuâtre, ampéliteux tendre, traversé par des veinules d'argile blanche, se voient des masses arrondies, irrégulières de minerai de fer hydraté, réparties de la façon la plus irrégulière. Sur le flanc Nord de cette formation minéralisée, se trouve une couche de calcaire de quelques centimètres d'épaisseur, dur et nettement stratifié.

Les affleurements Nord passent entre le bourg de Saint-Jacut et le moulin Eon. A l'Ouest, dans la direction de Fondore, les anciens travaux sont peu développés; à l'Est, au contraire, dans un bois taillis et jusqu'au sommet du coteau, on trouve une ligne non interrompue d'excavations sur 600 mètres de long, beaucoup plus étroites que celles du Bois-d'Avy, mais plus régulières. Le minerai se retrouve au Nord du chemin de fer, à l'Est du ruisseau de Grac.

L'exploitation de ce gisement a été reprise en 1839 et 1846 pour l'alimentation du haut-fourneau de Trédion, et plus tard, pendant quelques années à partir de 1869, pour la forge de Tabago à Redon.

Des fouilles faites en 1900, par M. Davy, ont montré la grande irrégularité du gisement: parfois l'oxyde de fer a simplement coloré le schiste noir ampéliteux métamorphisé en rouge vif; d'autrefois, l'oxyde de fer est isolé de la masse et concentré sous forme d'amas aux formes bizarres ou de couches irrégulières affectant le pendage et la direction des schistes qui les contiennent.

Le minerai est une hématite massive de couleur foncée; l'analyse de l'échantillon le plus riche a donné: Fer, 53,57; Silice, 4,85; Phosphore, 0,115; une moyenne de 7 morceaux donne: Fer, 46,42; Silice, 11,75; Phosphore, 0,196.

Il semble difficile de pouvoir établir sur ce gisement une exploitation régulière, à moins que l'on ne rencontre un amas exceptionnellement volumineux et bien isolé des schistes.

∴

§ 10. — Bande de Grès Armoricain bordant l'extrémité occidentale des Synclinaux de Rieux et de Béganne.

Les synclinaux de Rieux, Riaillé, Vioreaux, Bouchemaine, et de Béganne, Blain, Teillé, sont bordés à leur extrémité Ouest par une bande de grès armoricain dessinant sur la carte un zigzag compliqué; le minerai de fer y existe en gisements intéressants.

∴

1° De Redon à Béganne.

Le grès armoricain forme d'abord, depuis Redon jusqu'à 2 km à l'Est de Béganne, une bande grossièrement Est-Ouest, bordant au Sud le massif de granulite d'Allaire.

On y trouve, à 4 km à l'Est de Béganne, sur la lande de Chio, près du moulin de l'Avocat, sur 500 mètres de long, les traces d'une exploitation de minerai de fer, faite en 1872 pour l'usine de Tabago; le minerai y était, paraît-il, abondant, mais très siliceux.

A la Solais, à 2 kilomètres à l'Est de Béganne, à l'extrémité du synclinal de Rieux, passe une grande faille; il en passe également une autre un peu au Sud de Béganne, à l'extrémité du synclinal de Béganne; ces failles, presque parallèles et un peu convergentes vers l'Est, ont la direction générale des plissements bretons; elles isolent un lambeau de grès armoricain en forme de V ouvert vers le Nord-Ouest.

Au Sud, et auprès de la première de ces failles, existe un notable gisement de minerai de fer. C'est un lambeau séparé par faille d'une couche de minerai de fer visiblement interstratifiée au milieu du grès armoricain avec pendage de 25°.

Il aurait été découvert vers 1830, par Besqueut, directeur du haut-fourneau du Rodoir (à 1 km de la Roche-Bernard). Il a été exploité de 1840 à 1860 pour les forges du Rodoir et celles de la Nouë ou Vaublanc, puis après 1872, pour l'exportation et pour les forges de Tabago, jusqu'à l'arrêt de celles-ci.

L'excavation laissée par les vieux travaux, débouche dans le flanc Sud, très raide, d'une colline de grès par une ouverture béante demi-circulaire, de 15 à 20 mètres de diamètre. Le plafond est en grès et les parois sont formées également de grès incliné à 25° sur l'horizon.

Le fond a été remblayé il y a quelques années, et l'excavation restant forme une grotte au flanc de la colline, profonde horizontalement d'environ 25 mètres.

On a exploité un lambeau de couche n'ayant pas plus de 30 à 40 mètres de longueur en direction, mais atteignant 6 mètres de puissance et se prolongeant, suivant le pendage, à une profondeur inconnue; les travaux de la Solais auraient atteint la profondeur de 26 mètres.

Le minerai était une hématite brune, compacte très dense et très homogène, tenant 53 o/o de fer.

Le caractère nettement interstratifié de ce gisement devait inciter à en rechercher le prolongement. Une demande en concession avait déjà été présentée en 1865 par les frères Mathieu et avait été rejetée par décret du 17 juin 1878.

Postérieurement, des recherches ont été commencées en 1903 par M. Chaumel; elles ont été reprises en 1908 par M. Houée, poursuivies de février 1910 à août 1911 par MM. Michel et Goyard, 7, avenue du Parc-Monceau, à Paris et continuées enfin par la Société des Forges et Aciéries de Firminy qui vient de les abandonner.

Les travaux de recherches ont consisté en petites fouilles superficielles au Nord de la Solais ou plus au Nord, aux Rochelles; en ce dernier endroit deux petits puits de 20 mètres de profondeur ont été foncés et des travers bancs creusés pour atteindre le minerai; ils n'ont pas été poursuivis jusqu'à résultat.

Le grand nombre de failles qui disloquent dans cette région la bande de grès armoricain rendent les recherches extrêmement difficiles et aléatoires.

A la ferme de Beauregard (2 kilomètres à l'ouest de Béganne); le minerai de fer se retrouve au milieu d'un schiste grèseux. Les forges de Tabago ont fait là autrefois une fouille de 20 mètres de long sur 6 à 8 mètres de large et autant de profondeur, mais le minerai extrait était tellement silicieux qu'une partie de celui qui avait été extrait est resté inutilisé...

***

2° *Au Sud Est de la Vilaine.*

Au Sud de la faille de Béganne, le grès armoricain dessine une bande rectiligne et régulière N. O.-S. E, qui traverse la Vilaine passe au Sud de Sévérac, au Nord de Saint-Gildas-des-Bois et se termine brusquement à Guenrouet par la faille de l'Isac; elle borde au Sud les schistes à Calymènes et le Gothlandien du synclinal de Béganne, Blain, Teillé. De Béganne à Sévérac, elle borde au Nord l'anticlinal précambrien de Saint-Dolay et de Sévérac à Guenrouet, le grès armoricain forme voûte par dessus le prolongement de cet anticlinal; au Sud-Ouest de Saint-Gildas-des-Bois, le versant Sud de cet anticlinal de grès se prolonge, dessinant dans les schistes de Saint-Dolay un ≶ dont les pointes seraient à Saint-Gildas, au Bois-de-Cranhour, au Gué-aux-Biches, à la Guériais, aux Mortiers (Nord de Dréffeac).

La branche méridionale, après une interruption d'une dizaine de kilomètres sous l'éocène et le pliocène qui s'étend entre Dréffeac et Saint-Gildas, reparaît à l'Est en une étroite bande entre les schistes précambriens au Sud et gothlandiens au Nord, de Melneuf (Nord de Grâce) jusqu'au Sud de la forêt du Gâvre.

On trouve des affleurements de minerai de fer dans le grès entre Béganne et Sévérac, notamment à la Grée-Ruault, dans les landes de Beaulouet, à la Chapelle Saint-Etienne (E. N. E. de Saint-Dolay) à l'étang du Rocher (près de la route de Saint-Dolay à Sévérac).

Des fouilles récentes auraient montré que ces minerais étaient riches et valaient la peine d'être étudiés, tout au moins du côté de la Vilaine.

Entre Sévérac et Guenrouet, on trouve bien des grès très ferrugineux, mais pas d'affleurements de véritables minerais.

Dans la région du S.O. de Saint-Gildas-des-Bois, le grès armoricain présente un gisement curieux, celui de Perni. Il se trouve au Sud de l'avancée vers le Gué-aux-Biches des schistes précambriens, au bord de la route qui va de Saint-Gildas-des-Bois à Missillac en passant par le Gué-aux-Biches, à 5 kilomètres à l'Ouest de Saint-Gildas.

Dans une lande inculte, on voit des excavations laissées par des carrières de grès et par des minières, sur une lande de 700 mètres de long qui coupe la route vers l'Est. Les carrières sont à quelques mètres au Nord des minières.

Le grès est un peu micacé, ses bancs sont presque verticaux avec léger pendage Sud ; il est traversé par des bancs d'oligiste plus ou moins décomposé, bleu ou gris d'acier, quelquefois décomposé et rougeâtre; de nombreux filons de quartz micacé, gras fétide sillonnent la masse et pénètrent à travers le minerai de fer.

Le minerai est très irrégulier, tant comme allure, que comme richesse; il forme de nombreux et petits bancs, plus ou moins réunis par des filets de minerai ; tantôt le minerai riche se charge peu à peu de silice pour passer au grès par degrés insensibles, tantôt les deux roches sont juxtaposées sans transition.

Le minerai a l'aspect d'un micaschiste bleuâtre ou gris d'acier ; ce n'est qu'en l'examinant de près, en regardant sa cassure normale à la stratification, en appréciant sa densité que l'on reconnait un minerai de fer.

Six analyses sur du minerai prélevé en 1899 par M. Davy sur le front des anciennes minières ont donné :

Fer 15 à 33 o/o, Silice 70 à 50 o/o.

Phosphore 0,008 à 0.065.

Malgré cette pauvreté, ce minerai a certainement été exploité autrefois, probablement vers 1830 pour les mines du Rodoir.

Le minerai du moulin de Perni se poursuit vers l'Est jusqu'au Gué aux Biches ; il est visible dans des carrières de grès actuellement exploitées. D'après M. Davy il deviendrait plus riche et passerait à la magnétite (silice 20 et 19, fer 51 et 53, phosphore 0,63 et 0,21).

Dans l'étroite bande de grès armoricain qui va de Melneuf, au Sud de la forêt du Gâvre, le même genre de minerai se retrouve près des ruines romaines de Curin, au S. O. de la forêt du Gâvre.

§ 11. — Synclinal de la forêt de la Groulais, Ancenis (n° 17).

Une grande faille de tassement qui suit l'anticlinal précambrien de Grâce, Pouillé, l'Angellerie, répare le synclinal de Béganne, Blain, Teillé, du synclinal de la forêt de la Groulais, Ancenis, Chalonnes, Chaudefonds.

Celui-ci est fortement métamorphisé à l'ouest, où la cuvette de quartzite de la forêt de la Groulais repose sur des micaschistes et des amphibolites.

Vers l'extrêmité Ouest ainsi métamorphisée du synclinal, près de Sainte-Anne de-Campbon, d'anciennes excavations profondes de 10 mètres révèlent l'existence d'anciennes exploitations de minerai de fer. La Compagnie minière Armoricaine y a fait faire quelques fouilles, et y aurait trouvé du carbonate de fer.

Dans la région d'Ancenis, le synclinal est bordé au Nord et au Sud par une étroite bande de schistes et grès gothlandiens et rempli par le carboniférien.

Ce carboniférien comprend les niveaux suivants :

1° A la base se trouvent les schistes Pelécypodes, connus en quelques points seulement ;

2° Au-dessus la grauwacke inférieure du culm comprenant le poudingue d'Ingrandes ; cet étage est très développé;

3° Au sommet des couches alternantes de poudingue, psammites, tufs porphyriques (pierre carrée) et de houille.

En outre des lambeaux de wesphalien et de stéphanien très restreints surmontent la série en quelques points.

Le carboniférien est divisé en deux synclinaux par un grand faille Est-Ouest, qui ramène au jour le précambrien et le gothlandien au centre du bassin, le divisant ainsi en deux synclinaux : aux Sud, celui d'Ancenis, contenant le dévonien et les assises inférieures du culm (schistes à Pelécypodes et grauwacke inférieure) ; au Nord, celui de Teillé-Mouzeil, contenant la grauwacke supérieure du culm avec les couches de houille.

La grauwacke supérieure du culm du synclinal de Teillé-Mouzeil renferme du minerai de fer, sur lequel on sait jusqu'ici peu de choses ; il affleure à l'Ouest du hameau de la Gautellerie, commune de la Rouxière et se suit vers l'Est sur environ 2 kilomètres.

§ 12. — Plissements des micaschistes en avant de l'anticlinal de la Cornouaille.

Au Sud, les micaschistes et gneiss dessinent les plis suivants sur le flanc Nord de l'anticlinal de la Cornouaille :

Anticlinal de Saint-Mars-du-Désert, Oudon, Champtoceaux;

Synclinal de Campbon, la Chapelle-sur-Erdre, Carquefou, Mauves ;

Anticlinal de Savenay, Vigneux ;

Synclinal de Nantes ;

Anticlinal de Chantenay ;

Synclinal de Haute-Indre ;

Anticlinal de la Cornouaille.

Ces plis envahis par la granulite ne sont plus intéressants au point de vue du minerai de fer.

V

Avenir

Conditions du développent économique

La mise en valeur des gisements que nous venons de décrire est subordonnée à la possibilité d'utiliser économiquement le minerai et à l'existence de débouchés.

§ 1. — Situation du Marché du Minerai de fer

Avant d'examiner cette importante question, il est intéressant de jeter un coup d'œil sur la statistique de la production et du mouvement du minerai de fer en France, d'après les chiffres officiels, dont les plus récents se rapportent à 1910.

La production des mines de fer a été de 14.070.000 tonnes et celle des minières de 559.000 tonnes de minerai propre à la fusion, se répartissant comme suit :

Minerais purs pour fonte hématite, à moins de 0,075 o/o de phosphore par rapport au fer : 454.000 tonnes.

Minerais moyennement phosphoreux, de 0,075 à 1,7 o/o de phosphore par rapport au fer : 832.000 tonnes.

Minerais phosphoreux pour fonte Thomas, à plus de 1,7 o/o de phosphore, par rapport au fer : 13.320.000 tonnes.

Les *minerais purs* proviennent principalement des Pyrénées - Orientales (310.000 t.), du Gard (38.000 t.), de l'Aude, de l'Indre, du Tarn et du Var.

Le *minerai de fer moyennement phosphoreux* provient principalement des régions que nous avons étudiées : Calvados (227.000 t.), Orne (280.000 t.), Loire-Inférieure (88.000 t.), Haute-Marne (69.000 t.).

Le district le plus important est celui du *minerai phosphoreux* des départements de Meurthe-et-Moselle et de la Meuse, où 53 mines et 10 centres de minières ont été en activité en 1910 ; ces exploitations portent sur la formation de la partie supérieure du lias et se répartissent comme suit :

Bassin de Nancy : 44 concessions y existent, dont 23 ont été exploitées en 1910 et ont produit 2.093.000 tonnes.

Bassin de Briey : 43 concessions y existent, la plupart récentes ; 17 ont été en activité en 1910, et ont produit 8.511.000 tonnes.

Bassin de Longwy : Ce bassin comprend 24 concessions, dont 13 ont été exploitées en 1910, et un certain nombre de minières comprenant 10 centres en activité ; l'extraction correspondante a été de 2.606.000 tonnes en 1910.

Le minerai phosphoreux est aussi exploité dans le département de l'Aveyron (mine de Mondalazac, 53,000 tonnes), et dans celui de Saône-et-Loire (mines de Mazenay et de Change, 45.000 tonnes).

Le tableau ci-après donne, en milliers de tonnes, les importation, exportation et production du minerai de fer, ainsi que la production de la fonte et de l'acier pendant les dernières années :

	Production du minerai de fer	Importation	Exportation	Production de la fonte	Production de l'acier
	—	—	—	—	—
1891..	3 579	1.438	299	1,897	—
1892..	3.707	1.684	305	2.057	—
1893..	3.517	1.630	302	2.003	—
1894..	3:772	1.638	248	2.070	—
1895..	3.680	1.651	237	2.024	—
1896..	4.062	1.862	238	2.340	—
1897..	4.582	2.138	300	2.484	—
1898..	4.731	2.032	236	2.525	—
1899..	4.986	1.951	291	2.578	—
1900..	5.448	2.119	327	2.716	—
1901..	4.791	1.633	259	2.389	1.425
1902..	5.004	1.563	423	2.405	1.568
1903..	6.220	1.833	714	2.841	1.839
1904..	7.023	1.738	1.219	2.974	2.096
1905..	7.395	2.152	1.356	3.077	2.255
1906..	8.481	2.015	1.759	3.314	2.451
1907..	10.008	1.999	2.147	3,590	2.750
1908..	10.057	1.454	2,384	3.401	2.707
1909..	11.890	1.203	3.907	3.574	3.021
1910..	14 606	1 319	4.894	4 001	3 390

La production du minerai de fer, de la la fonte et de l'acier, s'est considérablement accrue en ces dernières années ; elle n'a pourtant pas atteint son maximum : la Lorraine Française, les Pyrénées-Orientales, n'ont pas atteint leur complet développement ; la Normandie, la Bretagne et l'Anjou ont, nous l'avons vu, de grandes richesses en fer, encore presque vierges.

La mise en valeur sur une échelle de plus en plus grande des gisements de minerai de fer de la France continentale, a eu pour effet de rendre notre sidérurgie nationale de moins en moins importatrice de minerai de fer et de faire de notre pays un exportateur de cette matière première de l'industrie.

C'est à partir de 1907 que les exportations ont surpassé les importations et depuis cette date, la situation est devenue de plus en plus favorable.

∴

Comment se répartissent ces importations et ces exportations ?

Pour ce qui est des pays importateurs en notre pays, le Zollverein (Lorraine annexée et Luxembourg) tient la première place, certaines usines françaises de Meurthe-et-Moselle ayant des exploitations dans ces régions ; l'Espagne fournit des minerais pour le procédé Bessemer acide aux usines du littoral et du Nord ; la Suède et l'Algérie nous envoient des tonnages faibles :

	1908	1909	1910
	—	—	—
Allemagne et Luxembourg	1008	863	922
Espagne	313	262	294
Suède	39	22	24
Algérie	24	17	24
Divers	70	39	55

(en milliers de tonnes)

Quant aux pays qui se partagent nos exportations, la première place est prise par la Belgique, la seconde par la Zollverein, puis viennent les Pays-Bas, pays de transit pour la Westphalie et enfin l'Angleterre :

	1908	1909	1910
	—	—	—
Belgique	1.221	2.260	2.872
Allemagne	766	1.173	1.404
Pays-Bas	220	238	366
Angleterre	174	206	230
Divers	3	30	22

(en milliers de tonnes)

La situation des pays avec lesquels nous sommes en relation commerciale au point de vue du minerai de fer est la suivante :

	Production en 1909	
	de minerai	de fonte
	—	—
Angleterre	15.222	9.684
Belgique	»	1.500
Allemagne	19.711	11.073
Luxembourg	5.794	1.552

(en milliers de tonnes)

L'Angleterre a une exportation nulle, une production à peu près stagnante. C'est par l'importation, qui dépasse le 1/3 de la consommation, que l'Angleterre doit s'approvisionner. Les minerais viennent pour la majeure partie d'Espagne.

La production de la Belgique est et restera toujours nulle industriellement. Elle doit demander tous ses minerais aux pays exportateurs, notamment à la Lorraine française.

Dans le Zollverein, la production est stationnaire depuis quelques années et l'appel aux minerais étrangers (importation moins exportation) a cru rapidement, mais deux distinctions s'imposent pour apprécier les chiffres comme il convient : d'une part, le Luxembourg, compté avec l'Allemagne en raison du Zollverein, est plus spécialement le district exportateur de minerai, notamment vers la Belgique et la France. D'autre part, il faut distinguer entre les divers districts producteurs de fonte. Alors que celui de la Lorraine annexée et du Luxembourg est établi sur le minerai, celui du Rhin-Westphalie, qui est au contraire sur la houille, ne produit pour ainsi dire pas de minerai et doit être alimenté entièrement par l'importation.

∴

Il résulte de la situation qui vient d'être exposée que la consommation de minerai de fer est actuellement en accroissement très net dans l'Europe centrale, et que les nouveaux gisements de minerai trouveront facilement un débouché, soit en France après transformation, soit à l'étranger, notamment en Angleterre et en Westphalie, pays qui ont besoin de minerai.

§. 2. — Utilisation sur place du minerai de fer de l'Anjou et de la Basse-Bretagne.

Le minerai de l'Anjou et de la Basse-Bretagne, comme celui de la Normandie est par sa teneur en silice (10 à 15 o/o) et en phosphore (environ 0,6 o/o), difficilement utilisable seul, dans des conditions suffisamment rémunératrices.

C'est avant tout un excellent minerai de mélange pour fonte Thomas. On pourrait aussi l'utiliser en mélange au Martin pour produits plus fins, mais en très petites proportions.

Comme minerai de mélange, il ne peut être utilisé en France, dans nos hauts-fourneaux du Nord, qui ne leur assurent qu'un débouché relativement assez limité ou en Allemagne (Wesphalie), et en Angleterre qui peuvent les utiliser avantageusement avec des minerais calcaires et phosphoreux.

Seul, il est assez difficilement utilisable ; les forges de Trignac, bien qu'ayant quatre des concessions du Maine-et-Loire ne l'avaient jamais utilisé jusqu'à ces derniers temps ; d'ailleurs par suite de leur situation, elles étaient obligées de rouler en procédé acide.

∴

L'Usine de Trignac comportait à sa création des hauts fourneaux avec appareils Whitwell, une aciérie, Bessemer et des fours Martin acides. Or les fontes Bessemer et Martin acides ne comportent pas du tout l'emploi du minerai phosphoreux.

Trignac produisait aussi, depuis son origine, une fonte de moulage, dite T. R. contenant en moyenne 0,3 o/o de phosphore, faite avec les minerais d'Espagne et d'Algérie et des minerais locaux (500 à 700 kilos par tonne de fonte) ; ceux-ci étaient des minerais de minières (Paimpont, Nozay, Rougé, etc.) car on reprochait aux minerais de Segré, de ne pas donner de grain.

L'emploi du minerai de l'Anjou supposait implicitement son utilisation en vue de la fabrication de l'acier exclusivement. Or d'après son analyse, la fonte produite devait tenir environ 1,5 o/o de silicium et 1,5 o/o de phosphore, ce qui empêchait de la traiter au Bessemer acide ou basique et nécessitait des opérations longues et délicates au Martin à sole neutre ou basique.

En 1907, les usines de Trignac étudièrent la possibilité de fabriquer de la fonte avec du minerai de Segré.

Le minerai contenait.

SiO^2	Fe	P	S
16 à 17	48 à 49	0 75 à 1	0 13

On obtint de très belles fontes avec des lits de fusion convenablement établis, dont voici quelques exemples :

1° Fonte de moulage, type Cleveland Si : 2,5 ; Mn : moins de 1 ; P : 1 ; S : 0,06

Minerai de Segré 1100 kilos.

Minerai d'Espagne et d'Algérie 850 kilos.

Castine 450 kilos.

Coke par tonne de fonte 1160 kilos.

2° Fonte d'affinage (Si : 1 à 1, 1, Mn : 2 à 2,5, S : 0,06 à 0,07, P : 1,4 à 1,5).

Minerai d'Anjou 1.600 kilos.
Minerai d'Espagne et d'Algérie, 300 kilos
Minerai de manganèse 95.
Castine 620.
Coke par tonne de fonte 1.175.

3° Fonte d'affinage type Thomas (Si : 0,8 P : 2, Mn : 1,5, S : 0,06 à 0,1).
Minerai d'Anjou 1,450 kilos.
Minerai de Briey 700 kilos.
Minerai de manganèse 95 kilos.
Rephosphorant 60 kilos.
Castine 670 kilos.
Coke par tonne de fonte 1.215 kilos.

Le minerai de l'Anjou et particulièrement celui de Segré est donc parfaitement réductible.

Seul, il exigerait pour obtenir une fonte type Thomas, 1.300 kilos de coke par tonne de fonte.

Beaucoup de fourneaux de l'Est en emploient 1.200 kilos, soit 2 fr. 50 de coke de moins par tonne de fonte. Avec 80 à 90 o/o de minerai de l'Anjou, le coke par tonne de fonte est absolument comparable à celui consommé dans l'Est. On conçoit même que le prix de la fonte type Thomas puisse descendre au-dessous de 60 francs la tonne dans la région de Nantes et Saint-Nazaire.

Pour la fabrication de l'acier, les usines de Trignac emploient le procédé suivant :

On produit d'abord une fonte d'affinage.
C : 3 ; Mn : 1,4 ; S : 0,12 ; P : 1,4 ; Si : 0,8 ;

Elle est chargée liquide au mélangeur chauffé avec une certaine proportion de minerai et de chaux, et on l'y affine de telle sorte que le produit intermédiaire obtenu, qui ne contient que des traces de silicium et environ 50 o/o du phosphore initial, permet, après traitement au four Martin, de réaliser toutes les qualités d'acier demandées, tout en accélérant la production de ce dernier appareil.

On charge le four Martin avec :
80 à 100 o/o de fonte liquide affinée au mélangeur ;
20 o/o à 0 o/o de riblons ;
8 à 10 o/o de minerai ;
5 à 6 o/o de chaux.

Chaque four Martin peut faire facilement 4 à 5 coulées par 24 heures, suivant la qualité cherchée.

Sans le mélangeur, l'opération est plus longue et plus difficile. Les proportions employées au four Martin sont alors en moyenne :
50 à 80 o/o de fonte liquide sortant du haut-fourneau.
50 à 20 o/o de riblons ;
10 à 12 o/o de minerai (type Suède à 65 o/o de fer) ;
8 à 10 o/o de chaux.

Les usines de Trignac ont étudié un procédé différent de fabrication de l'acier qui paraît plus économique et sera sans doute substitué au précédent.

Le minerai de Segré peut aussi donner une fonte Thomas à un prix voisin de 60 fr. en lui adjoignant une très faible proportion de rephosphorant ; l'acier en est obtenu à des prix oscillant entre 75 et 80 fr. la tonne.

Les lingots étant coulés régulièrement et à des intervalles plus rapprochés qu'avec les fours Martin, on peut obtenir une production plus intensive des laminoirs et une économie dans la fabrication des produits, dont les prix pourraient s'abaisser aux limites ci-après pour la région Nantes-Saint-Nazaire :
Rails : 105 à 115 fr.
Poutrelles : 100 à 120 fr.
Cornières et profilés : 120 à 140 fr.

Ces prix seraient tout à fait comparables à ceux des usines les mieux situées de l'Est de la France et même de l'étranger et laissent entrevoir une augmentation sensible de l'exportation des produits sidérurgiques et l'exclusivité absolue de l'alimentation de la région.

∴

Il est donc certain que les minerais relativement siliceux de la Basse-Bretagne et de l'Anjou sont économiquement utilisables sur place avec une faible addition de minerais plus calcaires.

En 1911, d'ailleurs, l'usine de Trignac en a consommé une grande proportion.

Elle a traité les minerais suivants :

Anjou et Bretagne......	93.435	tonnes
Briey..................	7.500	—
Ariège.................	470	—
Brésil.................	159	—
Indes..................	2.544	—
Espagne................	4.986	—
Russie.................	1.521	—
Algérie................	10.327	—
Suède..................	12.265	—

Un nouveau haut-fourneau de 250 tonnes est en construction et sera mis en feu fin 1912 ou début 1913. Trignac pourra alors absorber 150.000 tonnes par an de minerai de la région.

Pour la mise en valeur des gisements ferrifères de l'Anjou et de la Basse-Bretagne, y a-t-il lieu de préconiser l'exportation du minerai ou la création d'usines sidérurgiques puissantes pour l'utilisation sur place ?

Pour extraire un million de tonnes de minerai par an, il faut quatre puits coûtant chacun au moins un million et demi de francs.

Après trois ou quatre ans nécessaires à la mise en marche, le capital engagé permettrait de produire 4.500.000 francs de minerai par an, le prix de la tonne étant admis à 4 fr. 50 ; sur cette somme les deux tiers soit trois millions représentent des salaires qui restent dans la région et la font prospérer.

Pour transformer un million de tonnes de minerai en acier, c'est-à-dire pour fabriquer 500.000 tonnes d'acier laminé par an, soit 1.600 à 1.800 tonnes par jour, il faut une usine énorme (8 hauts fourneaux, une aciérie, deux trains blooming, deux trains reversibles, un gros train trio de 700 millimètres, un train de 600 millimètres, un train moyen, deux petits trains dont un à fil, une station centrale très importante et des services accessoires très développés).

Cet ensemble représente 25 à 30 millions de francs, ce qui avec les installations d'extraction fait un total de 30 à 35 millions de francs.

Sur la valeur des produits fabriqués, il y a à peine un quart distribué en salaire.

De plus la marche d'une telle usine suppose l'importation de un million de tonnes de charbon (1.800 k. par tonne d'acier laminé en partant du minerai). Enfin l'édification et la mise au point d'une usine de cette importance représente une dizaine d'années d'efforts, pendant lesquelles la région de Caen peut se développer, compléter son outillage et venir créer une concurrence funeste à la prospérité de chacun des deux centres.

Il semble donc plus logique de mettre de suite les mines en valeur, ce qui nécessite relativement peu de capitaux et de faire l'exportation en grand du minerai pendant que la concurrence du bassin normand n'est pas à redouter, ce qui n'exclut pas l'utilisation la plus complète possible dans les usines régionales existantes.

D'autre part, une usine métallurgique outillée pour traiter la plus grande partie de la production régionale trouverait-elle les débouchés nécessaires à ses produits ? Il ne suffit pas de produire ; il faut vendre. Sans doute elle aurait un important client tout indiqué, le réseau de l'Etat qui aurait intérêt à lui acheter ses rails, traverses et accessoires de voie. Mais ce client ne suffirait pas avec la consommation locale à absorber une forte production.

Une usine métallurgique installée pour exporter la fonte offrirait sans doute moins d'aléas.

§ 3. — Exportation du minerai.

Même si des usines métallurgiques se créaient, l'exportation serait toujours importante. Les minerais de toutes les mines ne sont pas identiques ; la plupart des usines ont besoin d'établir des mélanges suivant leur situation et leur fabrication ; les échanges entre pays producteurs de minerai de fer sont une nécessité de l'industrie métallurgique.

Le minerai siliceux et moyennement phosphoreux de l'Anjou et de la Bretagne s'offre comme un excellent minerai de mélange pour la Belgique et pour la Westphalie, qui l'utilisent avantageusement avec les minerais des districts plus voisins et pour l'Angleterre, qui a besoin de minerais étrangers.

C'est principalement par l'exportation que la région ferrifère de l'Anjou et de la Basse-Bretagne peut se développer, à la condition que les minerais puissent arriver à un port dans des conditions laissant suffisamment de marge pour les bénéfices.

∴

La mise en exploitation de cinq ou six des neuf concessions actuelles de l'Anjou et le développement des minières de la région de Châteaubriant, peuvent produire plusieurs millions de tonnes annuellement à bref délai.

Cet essor est-il possible au point de vue commercial, surtout dans l'éventualité du développement prochain du bassin normand ?

Le prix d'extraction du minerai varie de 4 fr. 50 à 5 francs par tonne sur wagon en gare de départ. Le prix du minerai normand, qui doit subir un grillage préalable est de 5 fr. 25 à 5 fr. 75 dans les mêmes conditions. Pour de grosses extractions, les prix se stabiliseraient à 4 fr. 50 la tonne pour l'Anjou et à 5 francs et 5 fr. 25 la tonne grillée pour le bassin normand et ceci pour des teneurs équivalentes.

Mais au point de vue physique les minerais grillés ont l'inconvénient d'être partiellement (jusque 25 et 30 o/o) à l'état de poussières, qui causent des dérangements au haut fourneau : descente irrégulière des charges, fusion prématurée, etc...

Concernant le transport par chemin de fer la situation est équivalente pour les minerais de l'Anjou et de la région de Châteaubriant allant à Nantes (80 kilom.) et ceux de l'Orne allant à Caen (76 kilomètres).

Pour ceux des environs de Caen ils ne sont pas plus favorisés, du moins pour le moment, car ils empruntent une ligne d'intérêt local à voie étroite, toujours plus coûteuse.

En réalité, les minerais de l'Anjou et de la Basse-Bretagne sont en meilleure posture. Caen est un port dont le trafic est déjà un maximum et qui ne pourra admettre un gros tonnage que dans une dizaine d'années au moins. Nantes et Saint-Nazaire sont au contraire deux grand ports en activité, qui peuvent supporter de suite un gros accroissement de trafic ; de plus on y reçoit beaucoup de charbon venant d'Angleterre et d'Allemagne, pays qui manquent de minerai. Le fret de retour, qui sera en même temps le fret d'exportation sera donc abondant et bon marché.

Pour l'expédition immédiate de grosses quantités de minerai vers l'Angleterre et l'Allemagne, l'Anjou et la Basse-Bretagne seront sans concurrence pendant un certain temps.

Dans ces conditions, comment vont se développer les exploitations de minerai de fer?

§ 4. — Développement des minières.

L'exploitation en minières du minerai voisin de la surface ne semble pas devoir se développer énormément.

En 1911, elle a fourni 190.000 tonnes, qui ont été envoyées en Angleterre, à Cardiff, Swansea, Glasgow, Newport, Middlesbrough et à Rotterdam.

D'après les prévisions des exploitants, la production s'élèverait dans quelques années à 500.000 tonnes. Ce chiffre est certainement exagéré.

Le minerai des minières tient en moyenne 45 o/o de fer et 15 o/o de silice ; à ce taux, il vaut environ 9 fr. 50 la tonne sur les quais des ports de Nantes ou Saint-Nazaire, avec 0 fr. 30 ou 0 fr. 15 de majoration ou de minoration par unité de fer ou de silice en plus ou en moins.

Le prix du transport par chemin de fer est de 1 à 3 francs ; la redevance au propriétaire du sol, qui était de 0 fr. 30 à 0 fr. 50 en 1909 et 1910 s'est élevée à 0 fr. 85 et même jusqu'à 1 fr. 25 dans certains cas par suite de la concurrence des exploitants.

D'autre part un ouvrier produit seulement une à deux tonnes par jour suivant les gisements et on le paie en moyenne 3 fr. 50 par jour.

C'est dire que l'exploitation des minières ne peut être rémunératrice qu'au voisinage des gares et pas trop loin des ports, à moins que la qualité exceptionnelle du minerai ne permette de grever le prix de revient de frais de transport élevés.

En hiver l'exploitation doit être restreinte, non seulement à cause des intempéries et des pluies toujours abondantes dans la région, mais aussi parce que la gangue argileuse, qui entoure les rognons de minerai y reste adhérente, ce qui conduit à des teneurs exagérées en alumine et silice des chargements expédiés.

En outre les gisements sont très irréguliers comme quantité et comme qualité. Il n'est pas facile d'évaluer le tonnage vendable d'un gisement de minières, et ce tonnage est souvent trop faible pour assurer une durée d'exploitation qui permettrait d'amortir des installations de manutention et de transport nécessaires à l'abaissement du prix de revient.

Il y a toujours des portions du gisement, souvent insoupçonnées au début, où il devient inexploitable. Dans les meilleures minières, comme celles de Rougé et de Croppé, il y a des îlots siliceux dont le minerai est invendable.

Souvent aussi les régions siliceuses sont petites et difficilement discernables, de telle sorte que le triage devient insuffisant et que certaines expéditions sont trop siliceuses pour être rémunératrices.

Ces difficultés sont très sérieuses, puisque des expéditions malheureuses de minerais insuffisants ont, un moment failli faire perdre aux minerais de Châteaubriant le marché anglais.

Elles s'opposent au développement escompté des minières, ainsi d'ailleurs que l'épuisement progressif des gisements de surface exploitables. Il est à croire que la production des minières dépassera difficilement 250.000 tonnes par an. La tendance des Sociétés qui s'occupent de minières est de concentrer les exploitations dans une région restreinte, de façon à pouvoir amortir les frais d'installations de manutention et de transport, grâce à la réalisation d'un fort tonnage transporté.

§ 5. — Avenir des concessions existantes.

En ce qui concerne les 9 concessions instituées dans le Maine-et-Loire, on peut faire les prévisions suivantes :

Les concessions de Champigné, de la Jaille-Yvon et de l'Ombrée actuellement inexploitées, ne semblent pas pouvoir produire à bref délai. Dans la concession de Champigné, les fouilles semblent avoir décelé un gisement irrégulier, mais elles n'ont pas été poussées et des travaux de reconnaissance seraient nécessaires avant la mise en exploitation.

La concession de la Jaille-Yvon est également très irrégulière et nécessite de grandes dépenses pour être mise en valeur.

Celle de l'Ombrée est plus intéressante ; le minerai a une allure plus régulière, mais sa qualité est par contre très irrégulière.

La Société nouvelle des Mines de fer du Pavillon d'Angers, qui exploite les concessions de Saint-Barthélémy et du Pavillon, compte développer sa production annuelle jusqu'à 100.000 tonnes. Le minerai a 52 o/o de fer et 12 o/o de silice, comme nous l'avons dit. Elle l'exportera à l'étranger en suivant la voie d'eau, ce qui lui procurera un bénéfice de 1 fr. 40 par tonne.

Les 4 concessions du Bois, de l'Oudon, de la Ferrière et des Aulnais réunies par un décret du 28 août 1881, appartiennent à la Société des Mines de fer de Segré, société connexe de la Société des Etablissements métallurgiques de la Basse-Loire, qui possède l'usine de Trignac.

Depuis décembre 1909, les hauts-fourneaux de Trignac ont consommé un mélange par parties sensiblement égales des minerais de la Ferrière et de l'Oudon, celui de la Ferrière tenant moins de soufre et plus de silice que celui de l'Oudon ; l'analyse moyenne du mélange sur 137.000 tonnes a été :

SiO^2	Fer	S	P
17.65	47.68	0,123	0,94

Plus récemment, en mai et juin 1911, deux chargements de 2.000 tonnes chacun, exportés par Nantes, ont donné les résultats ci-après :

SiO^2	Al^2O^3	Fer	Mn	CaO	MgO
17.02	4.62	48.53	0.5	3.1	0.55
17.09	5.04	49.01	0.4	3	0.4

S.	P.	Perte au feu
0.069	0.096	1.6
0.083	0.951	1.5

Ces dernières analyses peuvent être considérées à l'heure actuelle comme la moyenne du minerai des concessions Oudon et la Ferrière. Cette moyenne tendra à perdre 1 1/2 ou 2 o/o de silice et à gagner 1 ou 2 o/o de fer.

Par contre, quand on pourra mélanger à ces minerais ceux des concessions du Bois et des Aulnais, la teneur en silice tendra vers 10 à 12 o/o et la teneur en fer à 56 ou 54 o/o de moyenne.

Concernant les productions annuelles, les chiffres cités précédemment, soit :

Le Bois (2 puits)	400.000 a 500.000	tonnes
Les Aulnais (2 p.)	300.000 à 500.000	id.
L'Oudon (descenderie)	90.000 à 120.000	id.
La Ferrière (1 p.)	100.000 à 150.000	id.

conduisent pour l'ensemble de 890,000 à 1.270.000 tonnes par an.

Si l'on faisait un 3e puits au Bois et 1 ou 2 à la Ferrière on pourrait prévoir une production annuelle de 1.500.000 à 2.000.000 de tonnes par an.

Ces prévisions supposent la création de débouchés à l'étranger et ne tiennent pas compte des recherches en cours. Celles-ci peuvent mettre en évidence des gisements plus riches en fer et moins siliceux fournissant du minerai préférable à celui de Segré qui se trouverait dès lors délaissé.

§ 6. — Résultats à espérer des recherches

La campagne de recherches, commencée depuis 1907, a déjà établi l'existence de masses considérables d'autres gisements concessibles, et de nombreuses concessions pourraient être instituées dans un délai de quelques années.

M. l'Ingénieur des Mines Bellanger, dans les *Annales des Mines* (11e livraison de 1911), a cherché à évaluer le tonnage total de minerai exploitable de la Basse-Bretagne et de l'Anjou. Il admet la continuité dans toute la région des niveaux A, B, C, D des environs de Segré, dont il évalue la puissance totale utile à 4 mètres au moins, soit 15 t. de minerai par mètre carré (densité 3,75 à 3,85). En admettant que les synclinaux descendent jusqu'à la profondeur de 500 mètres, le chiffre de un milliard de tonnes ne lui semble pas excessif.

Mais il fait des réserves sur ce calcul, étant donné le peu que l'on connaît du gisement. La continuité des niveaux ferrifères exploitables n'est pas établie, comme nous l'avons déjà dit. L'étage ordovicien lui-même n'est pas absolument régulier; le grès armoricain qu'on y distingue à la base ne correspond pas à une époque géologique bien déterminée. L'ordovicien a commencé à peu près partout par un faciès gréseux et s'est terminé par un faciès schisteux; mais le passage de l'un à l'autre ne s'est pas fait au même moment partout, ni en une seule fois; on peut avoir, d'autre part, plusieurs contacts des grès et des schistes, par suite de récurrences du faciès gréseux; on peut seulement dire que le faciès schisteux domine au Sud et le faciès gréseux au Nord.

La constance de la position des niveaux ferrifères, par rapport au contact des grès armoricains et des schistes à Calymènes, dans la région de Segré, ne peut donc pas être généralisée puisque le passage du grès aux schistes ne s'est pas fait ailleurs à la même époque.

La même irrégularité se rencontre dans le nombre et l'épaisseur des niveaux ferrifères; elle a bien été mise en évidence dans la description des gisements, et il n'est pas nécessaire d'y insister à nouveau.

Si l'on admet les théories de M. Cayeux, l'abondance du minerai de fer diminuerait vers l'Ouest.

Enfin, l'irrégularité dans la qualité du minerai est également évidente. Le même niveau ferrifère passe du minerai le plus riche au minerai siliceux, au grès très ferrugineux et même au grès à peine ferrugineux; ce fait a également été mis en évidence dans les descriptions des gisements.

A ce point de vue, il semble que la région la plus favorisée est celle des environs de Châteaubriant, où les couches ont donné, aux faibles profondeurs de 15 mètres, du minerai nettement supérieur au minerai de l'Anjou.

Peut-être l'existence au fond de la mer silurienne d'une fosse suivant le synclinal archéen du méridien de Rennes, a pu favoriser la formation du minerai de bonne qualité. Quant à la profondeur de 500 mètres admise pour les synclinaux, c'est une hypothèse que des sondages pourraient seuls rendre plausible.

Nous avons dit que les synclinaux étaient aigus et pincés, tandis que les voûtes anticlinales étaient plates et légèrement ondulées. Il ne faut pas en conclure que le fond des synclinaux se trouve à une profondeur énorme. Il est probable que le fond des synclinaux est plat et légèrement ondulé comme les voûtes anticlinales; seules les parties redressées des couches seraient presque verticales, donnant ce caractère aigu aux synclinaux.

Si l'on admet cette forme, on sera conduit à considérer comme profondeur du point le plus bas des couches de fer, au moins l'épaisseur visible en surface des schistes à Calymènes lorsque du silurien supérieur les surmonte, et en supposant que cette épaisseur n'est pas diminuée au fond du synclinal par des failles ou des étirements.

La profondeur de 500 mètres serait alors souvent dépassée; d'autre part, il existe des ardoisières qui atteignent 150 mètres de profondeur, et au-dessous desquelles passent les couches de fer si elles existent là.

Quelles que soient les variations en nombre, puissance, richesse et développement des niveaux de minerai exploitable, il n'est pas douteux qu'il existe en dehors des concessions du Maine-et-Loire, des gisements de minerai de fer concessibles très abondants et même meilleurs.

Leur mise en valeur dépendra de l'activité des travaux de recherches et de reconnaissance, et de la promptitude mise par le gouvernement à accorder les concessions. Si rapides qu'aillent les choses, ils ne pourront guère fournir de production importante avant 4 ou 5 ans.

§ 7. — Recrutement du personnel.

Toutes les prévisions indiquées ci-dessus ne seront vraisemblablement pas réalisées à la date escomptée, par suite de l'insuffisance du personnel ouvrier et des moyens de transport.

Les anciens ouvriers d'ardoisières ou de mines, notamment des Mines de Montrelais Mouzeil arrêtées en 1911, ont tous été occupés et il a fallu recourir déjà à des ouvriers étrangers, des grecs et des espagnols. Pour loger le personnel, il est nécessaire d'édifier des maisons ouvrières. La Société des Mines de Segré, qui doit occuper bientôt 2.000 ouvriers a déjà construit des cités à la Ferrière et en projette aux Aulnais, au Bois et à l'Oudon.

Pour les nourrir, il sera nécessaire d'organiser des coopératives, si l'on veut éviter la hausse exagérée des denrées. Enfin il faudra lutter énergiquement contre l'alcoolisme.

Le recrutement, le logement et la nourriture du personnel ouvrier offrent donc, tout comme en Normandie de très graves difficultés qui retarderont beaucoup plus qu'on ne le croit généralement le développement de l'exploitation du minerai de fer.

§ 8. — Transport du minerai.

L'organisation de moyens de transports économiques est également une question vitale pour le développement de l'exploitation.

Actuellement les minerais s'acheminent vers Nantes et Saint-Nazaire, pour l'exportation et pour la consommation des usines de Trignac, qui importent en outre du minerai étranger par Saint-Nazaire.

Le tableau suivant résume ce mouvement pendant les dernières années :

	Port de Nantes — Exportations —	Port de Saint-Nazaire — Exportations —	Importations pour Trignac —	Trafic des minerais locaux pour les hauts fourneaux de Trignac (consommation et stock —
1905.	»	53.365	62.070	838
1906.	18.980	57.766	78.946	4.206
1907.	20.500	84.869	92.981	5.361
1908.	22.400	41.800	52.922	16.114
1909.	26.600	90.620	49.266	30.898
1910.	63.300	108.810	35.260	95.655
1911.	83.500	89.750	31.802	117.884

Le mouvement en 1911 s'établit comme suit :

	pour Nantes —	pour St-Nazaire —
Minières de la région d'Ercé-Teillay (Ille-et-Vilaine	27.419	66.010
Minières de la région de Châteaubriant Rougé, Sion, Nozay, Abbaretz (Loire-Inférieure)......	24.611	68.490
Concessions de Segré.	9.248	62.026
Mines du Pavillon...	2.223	»
Mines de Larchamp..	»	10.928
Total	63.500	207.454
	dont	117.884
consommé à Trignac et exporté.		89.750

Des stations d'origine à Saint-Nazaire, les minerais sont assujettis aux taxes du transport que voici : de Bain, 2 fr. 70 ; d'Ercé-Teillay, 2 fr. 80 ; de Luzanger, 2 fr. 45 ; de Nozay, 2 fr. 05.

Les usines de Trignac doivent payer une taxe supplémentaire de 0 fr. 07, étant distantes de 4 km. de Saint-Nazaire.

Pour Nantes, la taxe de Segré est de 2 fr. 30, d'Abbaretz de 0 fr. 95 en été et

1 fr. 40 en automne et en hiver (du 1er septembre au 1er avril).

Avec l'emploi de wagons appartenant aux expéditeurs, les transports jouissent d'une réduction de 5 o/o, plus une réduction d'autant de fois 1 o/o que l'expédition comporte de wagons de 40 tonnes (maximum du convoi 16 wagons).

⁂

Le développement de la production nécessitera le développement des ports.

A Saint-Nazaire, on a envisagé le déplacement de la gare vers l'Ouest, et la suppression du boulevard Leterme, de manière à procurer des emplacements industriels ; cette modification serait combinée avec l'ouverture d'un 3e bassin, soit à Penhouët dans les alluvions de la Loire, soit dans le Grand-Marais au N.-O. de la Ville, ou avec l'édification d'un quai de marée en Loire.

Les agrandissements du port de Nantes sont plus impérieux, d'autant plus que les aménagements de la Basse-Loire actuellement en cours permettront dans un avenir prochain à des bateaux de plus en plus gros de remonter jusqu'à Nantes. Nantes étant plus près que Saint-Nazaire des régions ferrifères, c'est ce port qui recevra presque tout le minerai destiné à l'exportation.

Des travaux considérables ont été étudiés pour permettre au port de Nantes de faire face à ce trafic.

Enfin, la navigabilité de la Loire entre Angers et Nantes a une haute importance pour les concessions du Maine-et-Loire. Les uns soutiennent le système des épis, qui permettrait de réaliser un tirant d'eau minimum de 1 m. 50 en toute saison ; les autres préconisent un canal latéral à la Loire ou un canal suivant l'Erdre jusqu'à Candé et rejoignant l'Oudon à Segré.

Le développement complet des concessions de la région de Segré amènera le réseau de l'Etat à envisager le doublement de ses lignes Segré-Nantes et Châteaubriant-Saint-Nazaire ; ce doublement deviendra absolument nécessaire, si les tonnages prévus se réalisent.

De nouvelles lignes enfin s'imposeront pour permettre la mise en valeur de certaines régions. Il est déjà question de la ligne d'Angers à Saint-Michel-de-Feins (Mayenne), desservant Marigné ou Cherré et Seurdres, de la ligne de Fougeray à Nantes par Derval, Nozay, Héric, avec embranchement des Hiaux (hameau dépendant de la Dominelais), vers Châteaubriant, par St-Sulpice-des-Landes et Sion ; de la ligne du Grand-Fougeray à Guémené-Penfao.

Plus que des améliorations de voies, des abaissements de tarifs seraient extrêmement désirables. Un grand nombre de gisements ne peuvent être exploités actuellement dans des conditions rémunératrices, parce qu'ils sont trop éloignés des ports. Un abaissement des tarifs, même provisoire, permettrait d'établir un courant commercial important de minerai et de développer les débouchés nécessaires à l'essor de la région.

⁂

En résumé, bien qu'une évaluation de tonnage des gisements de l'Anjou et de la Bretagne soit prématurée, on peut cependant conclure que cet amas énorme de minerai et sa mise en exploitation rapide peuvent assurer à cette région et aux ports de Nantes et de Saint-Nazaire un développement tout à fait inattendu.

CHAPITRE IV

LE MINERAI DE FER DE LA FOSSE VENDÉENNE

§ I. — **Géologie et Tectonique.**

Le flanc Sud-Ouest de la grande ride de la Cornouaille est bordé par une zône d'effondrement (fosse vendéenne), marquée par le golfe du Morbihan, résultant d'un effondrement récent, par la Grande-Brière d'âge éocène, et par le lac de Grandlieu, dépression ancienne et constante, car elle a été fosse houillère et miocène ; ces trois fosses s'alignent sur le prolongement de la faille de Chantonnay et révèlent un long et profond synclinal en avant de l'anticlinal de la Cornouaille..

Les dépôts sédimentaires y ont été métamorphisés par la granulite, qui est arrivée largement au jour dans la presqu'île Guérandaise et dans la région de Legé.

Ils sont devenus :

Des micaschistes et des schistes à mineraux, alternant avec des gneiss granulitiques ou gneiss rouges ;

Des amphibolites et gneiss à amphibole ;

Des serpentines ;

Des éclogites (roches à base de pyroxène et de grenat) ;

Des pyroxènites ou gneiss à pyroxène ;

Des cipolins ou calcaires cristallins ;

Au sommet des micaschistes se voient des schistes à séricite luisants, satinés avec des lits interstratifiés de quartzites blancs séricitiques et de quartzites graphiteux ou phthanites. Ces schistes à séricites sont très développés en Vendée et dans la partie de la Loire-Inférieure au Sud de la Loire.

∴

Au voisinage de la ride de la Cornouaille, les couches plongent vers le Sud-Ouest formant le synclinal de Saint-Joachim prolongé, au delà de la faille de l'embouchure de la Loire, par le synclinal du lac de Grandlieu et de Chantonnay ; ce synclinal, parallèle à la ride de la Cornouaille à son bord Sud-Ouest enlevé par une faille.

Au Sud Ouest, plus près de l'Océan, les couches forment de nombreux plis, qui ne sont plus parallèles à l'anticlinal de la Cornouaille, mais au contraire le couperaient sous un angle aigu et se rapprocheraient davantage des parallèles ; ces plis se suivent par les lits de quartzite séricitique, de quartzite graphiteux et de cipolins.

§ II. — **Description des gisements de minerai de fer connus.**

Nous n'entreprendrons pas la description détaillée de la région, car les gisements de minerai de fer connus y sont peu importants :

Au Nord de la Loire, signalons un affleurement de couche de minerai de fer dans les falaises de Pen-Bé et d'anciennes exploitation près de Camoël, au Sud et près de la route allant de la Roche-Bernard à Penestin.

Ces anciennes exploitations, accompagnées de tas de scories, ont été faites pour l'ancien haut-fourneau du Rodoir, près de la Roche-Bernard ; elles sont situées entre le bourg de Camoël et la ferme du Presbytère et à l'Est de la ferme du Guern. M. Davy y a fait des fouilles en 1896 : il a trouvé, sous la terre végétale, une argile brune, maigre, très micacée, passant à une arkose, quelquefois assez compacte pour sembler du micaschiste vrai. A une profondeur variant entre 0 m. 50 et 2 mètres, on trouve le minerai en bancs horizontaux, atteignant 3 m. 40 de puissance totale, Il est brun, jaune, géodique, tendre et contient tous les éléments de la roche qui l'entoure ; le mica blanc y est particulièrement abondant. La teneur en fer paraît très variable ; des échantillons choisis ont donné : Fer, 48 à 52 ; Silice, 7 à 13 ; Phosphore, 0,04 à 0,11.

En face des vieux travaux et sur le bord de la route de la Roche-Bernard à Penestin, dans un petit bois de châtaigner, on voit d'abondants rognons de minerai de fer, qui semblent de bonne qualité.

***

Au Sud de la Loire, en Vendée, il existe quelques gisements abandonnés depuis longtemps.

Signalons d'abord celui de la Thermelière, commune de la Ferrière au N.-E. de la Roche-sur-Yon.

Le minerai de fer forme une bande étroite dirigée du S.-E. au N.-O., de plus de 2 km. de long entre la Chauvinière et la Thermelière. Par dessus les schistes séricıteux qui plongent au S.-O., des oxydes de fer hydratés schisteux forment une épaisseur de 1 à 2 mètres, en bancs alternant avec des schistes décomposés jaunâtres ou noirâtres ; en outre, on rencontre des amas plus ou moins considérables de minerai massif et des salards ou poudingues de quartz à ciment ferrugineux.

Un mélange d'échantillons prélevés autrefois par M. Le Chatellier sur divers points du gîte a donné l'analyse suivante :

Sesquioxyde de fer.....	70,8
Acide phosphorique....	1,6
Eau..................	12,2
Silice gélatineuse	2
Quartz et argile........	11,4
Chaux et perte.........	2

Le gisement a été exploité activement au moyen-âge, comme en témoignent les anciennes excavations et scories.

Une concession fut demandée en 1826 par la Cie Decressac et de la Fontenelle, en prenant pour limites le cours du ruisseau du Plessis-Bergeret et l'Yon et, partant de l'Yon, à la Grossardière, et joignant la ruisseau du Plessis-Bergeret à la Levraudière. Le Conseil des Mines déclara le gisement non concessible et, pour ne pas être à la discrétion des propriétaires du sol, la Cie abandonna son projet d'exploitation et de hauts-fourneaux. L'exploitation a été reprise de 1907 à 1909 par la Société des Mines de Vendée, qui a extrait 6.000 tonnes environ.

Un gisement analogue, mais moins vaste, se trouve à 10 km. au N.-E. de Fontenay, à La Vergne, commune de Payré-sur-Vendée ; il est surtout constitué par un poudingue quartzo-ferrugineux, renfermant des parties riches en fer, qui ont été très activement exploitées autrefois, comme en témoigne l'abondance des scories dans les vignes et les bois du voisinage.

Près de St-Michel-le-Cloucq, au nord du château du Mazeau, on trouve sur des schistes séricıteux et dans de l'argile jaunâtre des morceaux de fer hydraté et aussi des rognons de plomb sulfuré à grandes facettes.

Dans la commune de la Chapelle-Thireuil, au lieu appelé « les Vaux », on trouve également du minerai de fer en rognons dans une argile rougeâtre.

On en rencontre également au Moulin-Chaigneau, près de l'Hermenault.

Nous indiquerons enfin, comme pouvant être utiles à la prospection l'existence de schistes ferrugineux aux points suivants : les Boutalenières, près de St-Maurice-le-Girard ; de la Boursaudière à la Guindremière, au N.-O. de la Châtaigneraye ; de la Marzelle au Petit-Lay.

***

Le bassin houiller de la Vendée renferme du carbonate de fer en rognons peu nombreux, proportionnellement à la houille.

On en a trouvé d'assez riches dans la concession de houille de Faymoreau ; ils ont donné à l'analyse les résultats suivants :

Carbonate de fer.........	61,1
Carbonate de magnésie ...	0,4
Carbonate de chaux......	3,9
Acide phosphorique	0,2
Agile et sable...........	16,6
Eau et bitume...........	9
Pyrite de fer.............	8

Dans la concession de houille et fer carbonaté du Puy-de-Serre, à la Croizinière, près Puy-de-Serre, le minerai de fer forme une couche assez continue et de belle qualité.

CHAPITRE V

LE MINERAI DE FER DU GRAND GÉOSYNCLINAL MÉDIAN DE LA BRETAGNE

Il nous reste à étudier le minerai de fer de la fosse médiane de la Bretagne, où l'on peut distinguer les 3 bassins de Châteaulin, Belair et Laval.

I

Bassin de Châteaulin

§ 1. — Aperçu Géologique et Tectonique

Au Sud, les *schistes précambriens* forment l'anticlinal de Ploaré, Pontivy, Rennes; ils sont percés par la granitite dans les monts du Méné, remplacés par la granulite sur leur bord Sud de la pointe du Van à Pontivy ; la granulite y forme en outre, plus au Nord, le massif du Faouet à Seglien, et plus à l'Ouest celui du Lizio et de la Villeder. Les schistes précambriens comprennent de bas en haut :

1° les phyllades de Saint-Lo, schistes argileux bleus grisâtres ou noirs verdâtres, tendres, séricitiques, alternant avec des lits de grauwacke ou quartzite gris verdâtres et contenant un nombre immense de filons de quartz ;

2° les schistes de Gourin, argileux, verts bleuâtres, présentant des lits de dalles schisteuses vertes et des bancs de quartzites sombres ou de quartzophyllades ; — dans la région de Gourin, ils renferment des poudingues, formés de petits galets de quartz cimentés par une pâte argilo-schisteuse blanc-grisâtre ; dans celle de Pontivy, ils renferment surtout des quartzophyllades et la schistosité correspond le plus souvent à la stratification ;

3° au sommet de l'étage, on trouve les dalles vertes de Néant, peu développées.

Au Nord du bassin de Châteaulin, le precambrien est très développé. En commençant par l'Ouest, il dessine à partir de Landerneau vers Morlaix, une étroite bande formée de schistes fins bleuâtres, parfois alunifères, alternant avec des zones argilo-grèseuses, d'ou le nom de quartzophyllades de Morlaix.

La bande s'épanouit dans le Trégorrois en changeant de faciès par suite du métamorphisme et de l'intercalation de nombreuses coulées de trachytes provenant des éruptions volcaniques précambriennes.

Le précambrien se développe ensuite au Sud et à l'Est, autour de la baie de Saint-Brieuc. Il contient, interstratifiés, des lits de phtanites noirs, formés de débris organiques siliceux, exploités dans la région de Lamballe pour l'empierrement des routes. Autour du golfe de Saint-Brieuc, il est très métamorphisé et transformé en schistes cornés amphiboliques ou même en gneiss à amphibole.

Le métamorphisme est produit par les nombreuses roches granitiques qui recoupent le précambrien : à l'époque précambrienne même, la diorite a formé les massifs de Tremerven, Pludual, Saint-Quay, Gommenech-Pommerit, Trégonneau, Châtelaudren, Trémuson, Saint-Brieuc, Cœtmieux ; de l'époque cambrienne date le granite de Perros-Guirec ; à l'époque carbonifère, la granitite s'est fait jour en dissolvant les terrains sédimentaires par une intrusion tout à fait passive et a formé les ellipses de Plouaret, Huelgoat, Rostrenen, Quintin, Moncontour ; à la même époque, mais postérieurement, la granulite s'est fait jour à Guerlesquin, Guingamp, Plouguenoual, Plesidy, Lamballe, Plenée-Jugon.

Les terrains précambriens du Nord forment de nombreux plis très compliqués dont quelques-uns renferment des terrains plus récents. Notamment la granulite de Guerlesquin souligne l'anticlinal du Relec qui sépare le synclinal de Locmélar à Plouigneau, au Nord, du synclinal des Montagnes d'Arrée, au Sud, séparé lui-même par l'anticlinal de Saint-Rivoal, Plourach, Callac, du grand synclinal carbonifère de Carhaix. Entre ces plis s'en intercalent, d'ailleurs, d'autres, au voisinage de la rade de Brest.

***

Les terrains *siluriens et devoniens* forment, sur le bord Sud de la fosse médiane, immédiatement au Nord de l'anticlinal Ploaré-Pontivy une étroite bande, où les strates sont redressées jusqu'à la verticale ; cet étroit ruban est replié plusieurs fois sur lui-même, dans le sens de sa direction, en plis très aigus, souvent compliqués de failles. Il passe au Cap de la Chèvre, Crozon, anse de Morgat, Châteaulin, forme les Montagnes Noires et butte dans la granite de Rostrenen et la granulite de Seglien ; au-delà il dessine un S dans les montagnes de Quénécan et se poursuit en ligne droite de Goarec à Uzel (entre le granite de Moncontour et le massif de micaschistes, granulite et granite des Monts du Mené), où il perd sa continuité.

Dans la région du Menez-Hom et dans celle d'Uzel, des éruptions d'âge ordovicien ont projeté des lapilles, des cendres ayant formé des tufs et fait couler des andésites diverses.

Sur le bord Est du bassin carbonifère de Carhaix, le dévonien forme plusieurs bandes parallèles, par suite de l'existence de plusieurs plis secondaires Est-Ouest, qui font reparaître le dévonien au milieu des schistes houillers.

Sur le bord Ouest, les terrains siluriens et dévoniens sont extrêmement développés ; ils forment la presqu'île de Crozon et les bords de la rade de Brest ; le dévonien inférieur est particulièrement développé et s'étend vers l'Est jusqu'à Plouigneau dans le synclinal de Locmélar et jusqu'à Bolazec dans celui des montagnes d'Arrée.

Le centre du bassin de Carhaix est rempli par les *schistes houillers*, dits de Châteaulin.

***

Seul le synclinal de Carhaix renferme la série complète des couches, du cambrien au carbonifère. Le développement des conglomérats carbonifères littoraux au Nord de ce synclinal indique que la mer carbonifère n'a guère dû s'avancer au-delà, ni atteindre les synclinaux septentrionaux.

Ceux-ci ne contiennent même pas la série siluro-dévonienne toute entière ; en avançant vers le Nord, on voit reposer directement sur le précambrien, d'abord le grès armoricain, puis les schistes à Calymènes, puis le gothlandien et enfin le grès devonien, qui s'est avancé jusqu'au Léon.

La série sédimentaire au-dessus du précambrien comprend les dépôts suivants :

1° *Silurien.* — Cambrien : Poudingue quartzeux, schistes et quartzites verts ou violacés à chloritoïde.

Ce niveau est visible en bancs horizontaux au Cap de la Chèvre, et en bancs verticaux au pied du Menez-Hom et dans les montagnes de Quénécan ; il est peu puissant ; aux autres points, où affleure le silurien, on ne le voit pas, soit qu'il manque, soit que les éboulis le masquent.

Ordovicien : Grès armoricain à Lingules, Scolithes et Bilobites, blanc homogène, formant les crêtes, épais de 500^{m}, comprenant 3 divisions lithologiques :

a) Grès felspathique, schistes et grès blancs quartzeux ;

b) Schistes à Calymènes, noirs, grossiers, admettant des intercalations gréseuses, épais d'environ 500 mètres, comprenant vers le sommet un banc de grès à Orthis, dit de Kerarvail ;

c) Grès (dits de Kermeur), calcaire (dit de Rosan) et schistes noirs avec Trinucléus et Orthis Actoniæ, visibles seulement dans la presqu'île de Crozon.

Gothlandien : Schistes et grès (dit de Camaret), comprenant à la base des psammites blancs et des conglomérats, que surmontent des schistes ampéliteux à Graptolithes et des schistes à nodules à Cardiola interrupta.

2° — *Dévonien.* — Gédinnien : Schistes et quartzites de Plougastel; étage très puissant de schistes grossiers et quarzites verts sombres, surmontés de grès blanc avec minerai de fer. Cet étage forme les Monts d'Arrée.

Coblenzien : Grès (dits de Gahard) à Orthis-Monnieri, blancs, peu cohérents.

Grauwacke (dite de Nehou) à Athyris-Undata, comprenant des schistes bleuâtres grossiers, alternant avec des grauwackes brunes et des lentilles de calcaire bleuâtre.

Eifélien : Schistes de Porsguen, argileux, vert olive ou gris brunâtre, alternant avec des schistes fissiles verts sombres.

Givetien : Manque.

Frasnien : Schistes de Traouliars, difficiles à distinguer.

Famennien : Schistes (dits de Portellec, fins, noirs ou verts foncés, pyriteux, contenant des lits de nodules argilo-siliceux plus sombres et très durs.

Le dévonien supérieur au grès de Gahard, n'est développé que dans la rade de Brest.

3° *Carbonifère.* — Les schistes (dits de Châteaulin) du carbonifère supérieur, qui remplissent le synclinal de Carhaix et couvrent une très grande surface, sont argileux, bleuâtres, souvent fissiles; ils renferment, à la base, des lentilles calcaires et des lits de grauwacke et, en outre, au N.E. du bassin, des poudingues à galets roulés et des coulées de roches éruptives. Ils sont interstratifiés de lits argileux et de psammites gris verdâtres, felspathiques qui deviennent prédominants au sommet de l'étage.

§ 2. — Terrains Précambriens du Nord

Les schistes cornés amphiboliques et les gneïss à amphibole de la région du Nord, dérivant par métamorphisme des terrains précambriens, présentent quelquefois des gisements de peu d'étendue d'hématite rouge ou brune et de limonite, paraissant résulter de leur altération et de concentration locale du fer.

De tels gisements ont été exploités autrefois au Sud de Belle-Isle-en-Terre, pour l'usine de Coat-an-Noz. Il en existe également à l'Ouest du golfe de Saint-Brieuc, dans la commune de Matignon.

§ 3. — Niveaux ferrifères des terrains siluriens et dévoniens.

Les terrains siluriens et dévoniens qui bordent le bassin, sont beaucoup plus riches en minerai de fer. Celui-ci forme trois niveaux à peu près constants :

1° Vers la limite de l'ordovicien et du gohtlandien ;

2° Dans le gothlandien ;

3° Dans le dévonien (gédinnien), au voisinage des grès à Orthis-Monnieri. Ce dernier niveau est le plus important; le minerai s'y présente en surface sous forme d'hydroxyde de fer, quelquefois d'hématite brune ; il forme des veines inégales et imprègne souvent des bancs irréguliers de grès ou de schiste ; il est ainsi disséminé dans une zône argileuse et schisteuse, épaisse d'une dizaine de mètres, très facile à observer, car elle détermine assez souvent l'existence d'un niveau d'eau.

§ 4. — Synclinal de Locmélard, Plouigneau

Dans le synclinal de Locmélard, Plouigneau, du minerai paraissant gédinnien (3e niveau) a été signalé à Squiffiec (près de la Pointe de Doubidy), au Sud de Plougastel, à Dirinon et au hameau du Cran, situé au Sud de la Roche-Maurice.

Des vieilles scories existent à 3 kilomètres au Sud de Landivisiau, entre les hameaux de Traoulen et de Rechfily en Lampaul (cote 112 de la carte d'état-major), à proximité du bourg de Coatmeur et de la rivière de Landivisiau; elles forment dans une surface de 1.500m×400m, des talus sur lesquels s'élèvent des arbres séculaires. Dans un hôtel de Landivisiau, on en a collectionné des blocs volumineux, que l'on présente comme des météorites.

§ 5. — Synclinal des Monts d'Arrée

Dans le synclinal des Monts d'Arrée, aucun gisement notable de minerai de fer n'est à signaler.

Cependant, on peut y rattacher, au moins géographiquement, le dépôt de scories anciennes voisin de Daoulas. Il est situé à 4 kilomètres à l'est de ce bourg, à la ferme de Créach-Carnel (butte de l'Ossuaire), de la commune d'Irvillac, sur la vieille route d'Irvillac-au-Faou. Les scories sont répandues dans trois champs d'un hectare chacun. La présence de résidus de forge dans une contrée aujourd'hui peu peuplée s'explique jusqu'à un certain point, si on tient compte que le voisinage de la vieille route Quimper-Landerneau et de la rivière de l'Hôpital favorisait le transport du minerai et que la proximité du bois des Gars donnait le charbon nécessaire. En outre, la présence de plus de 300 tumulis voisins est l'indice d'une population autrefois plus dense. Les forges antiques de Créach-Carnel se rattachent peut-être à des besoins militaires, car elles sont à moins de 1500 mètres à l'est du Cós-Castel, poste romain important, placé à l'intersection de deux voies romaines très fréquentées.

Un peu plus loin, à 2 kilomètres de Créach-Carnel, c'est-à-dire à la cote 103 de la carte d'état-major, sur des terrains entourant une chapelle, on trouve un nouveau gîte de scories très important.

§. 6. — Bord nord du Synclinal de Carhaix

Sur le bord nord du bassin carbonifère de Carhaix, au sud du massif granitique de Huelgoat, quelques gisements ont été signalés par de Fourcy.

On trouve un peu de minerai dans le bois du Hêlas ou de la Garenne (3 kilomètres nord-est de Huelgoat) ; il paraît d'âge gédinnien, comme le précédent ; il a été jadis exploité et traité dans des forges à bras.

A une lieue au sud de Huelgoat, on rencontre une masse énorme de fer oxydé rouge, siliceux, à Saint-Maudez. D'après de Fourcy, il renferme des fossiles qui lui assignent une origine sédimentaire dévonienne.

En outre, on trouve des oxydes de fer concrétionnés à Kerguévarec, du fer oligiste quartzeux près de Quélénec, quelques filets de fer hydraté au Bourgneuf. Tous ces points se trouvent entre Huelgoat et Plouyé et sont peu éloignés des affleurements de la base du carbonifère, c'est-à-dire des poudingues et des coulées de roches laviques (roches vertes, porphyroïdes) par lesquelles le carbonifère a débuté. C'est peut-être à l'altération de ces roches, riches en fer, que l'on doit attribuer la formation de ces gisements.

§ 7. — Bord sud du Synclinal de Carhaix jusque Rostrenen. — Presqu'île de Crozon. — Montagnes-Noires.

Dans la presqu'île de Crozon et dans la région du Menez-Hom commence la longue bande siluro-dévonienne qui borde, au sud, le bassin carbonifère de Carhaix.

Des couches d'hématite brune et rouge se montrent au milieu des terrains silurien et surtout dévonien, notamment dans les communes de Landévennec, Argol, Trégarvan, Dineault, Rosnohen ; quelques-unes peuvent être suivies sur plusieurs kilomètres. L'épaisseur, quelquefois très grande, est très variable, comme la qualité du minerai, qui passe graduellement de l'hématite brune fibreuse la plus riche au grès simplement coloré.

On trouve les traces d'anciennes exploitations en une foule de points, ainsi que des scories anciennes, mais on n'a pas conservé le souvenir de ces travaux très anciens.

***

Les assises du *silurien* ne présentent pas à la base des schistes à Calymènes, les dépôts de minerai de fer qui, dans l'est de la Bretagne, constituent un horizon constant.

On rencontre seulement des dépôts ferrugineux peu considérables, au voisinage des roches laviques et éruptives, soit qu'ils proviennent de la décomposition de ces roches, soit qu'ils résultent d'émanations de sulfures pouvant être rattachées à des manifestations volcaniques.

On en rencontre de cette sorte à Lostmarch (côte ouest de la presqu'île du

Cap de la Chèvre) ; à Losquervenec (1 kilomètre au sud de Rosan, à l'extrémité orientale de l'anse de Morgat) ; au nord de Telgruc, à Trégarvan (sur la rivière de Châteaulin) ; à Kergoustan (route de Dineault à Rosnohen) ; à l'ouest et au sud de Châteaulin, etc...

D'après de Fourcy, le minerai de Rosnohen donnait au haut fourneau 35 o/o de fer et celui de Trégarvan 42 o/o.

A titre d'exemple, nous décrirons le minerai de Lostmarch, visible dans les falaises de la petite anse, comprise entre la pointe de Lostmarch et l'embouchure d'un petit ruisseau plus au sud. Il est renfermé dans un tuf grossier d'origine éruptive, avec blocs projetés, dont certains lits très altérés passent à un minerai de fer géodique. Le minerai est constitué par de la limonite durcie par silification et contenant des mouches et de petits cristaux cubiques de pyrite. La masse est percée de nombreuses cavités de toutes grandeurs ; les plus volumineuses sont remplies d'une terre ocreuse ; les plus petites sont tapissées d'une couche légère de limonite concrétionnée. Il provient évidemment de l'altération de blocs projetés par les volcans siluriens ayant subi l'action de fumerolles et étant restés exposés, dans la longue suite des âges, à un travail de silification intense. Voici quelques analyses de la roche :

Acide sulfurique...	0,07	0,62	0,53
— phosphorique	0,09	0,15	»
— carbonique ..	0,23	0,70	»
Silice.............	22,37	20,72	39,77
Sulfure de fer......	0,64	0,68	»
Alumine..........	1,92	1,85	14,88
Sesquioxyde de fer.	63,38	63,57	36,36
— manganèse.	traces	»	0,2
Chaux............	0,16	1,02	0,27
Magnésie.........	0,17	0,13	1,10
Chlorure de sodium	0,45	0,45	0,76
Perte au feu.......	10,58	9,96	5,83

.·.

Les assises du *dévonien* présentent un niveau ferrugineux constant au sommet du gédinnien, séparant les schistes et quartzites, dits de Plougastel, des grès blancs dits de Landévennec. Ce niveau est constitué par des bancs ferrugineux d'hématite brune (limonite ou fer hydroxidé), d'épaisseur très inégale, mêlés à des lits schisteux, l'épaisseur totale ne dépassant pas 10 mètres.

Il est décelé par des affleurements ferrugineux très pauvres vers Tromel (côte ouest de la presqu'île du Cap de la Chèvre), dans la presqu'île de Quelern ; plus riches à Lanvéoc et dans les falaises de l'anse du Poulmic (28 o/o de fer, d'après de Fourcy).

Près de Landevennec (embouchure de l'Aulne), il a donné lieu autrefois à une exploitation importante, comme en témoignent les vestiges de galeries de mines situées à Terenez et les amas de scories anciennes du voisinage. Le principal amas de scories est dans un verger dépendant de la belle propriété de M. de Chalus, autrefois dépendance du domaine de l'abbaye de Landevennec, fondée au Ve siècle par Saint-Guénolé. D'après la légende, l'origine de ces scories remonterait à l'occupation romaine. On y trouve des culots de bas-foyer, formés de grains de fer, empâtés dans des silicates fondus et au centre desquels est resté engagé le tuyau en fer de la tuyère.

Les galeries de la mine sont impraticables et il est impossible d'apprécier la valeur du minerai. A titre d'indication, voici l'analyse de gros blocs placés à proximité d'une très ancienne fonderie, située dans les dépendances de l'antique abbaye de Saint-Guénolé ; il est probable que ces blocs, difficilement transportables à cause de leur poids, ont été amenés à pied-d'œuvre pour être utilisés par la fonderie, malgré leur faible teneur en fer pur (33 o/o).

Acide sulfurique........	0,33
— phosphorique	1,69
Silice..................	40
Alumine...............	2,14
Sesquioxyde de fer......	47,56
Magnésie..............	0,23
Chlorure de sodium.....	0,08
Perte au feu...........	7,41

Le minerai a un aspect gréseux, en raison de l'importance des grains de quartz renfermés dans la masse ; cassure lustrée, teintes de rouille dans les cavités.

En coupes minces, le minerai apparaît composé de grains de quartz cimentés par de la limonite. Celle-ci est massive ou fibreuse ; dans ce dernier cas, elle entoure en minces rubans les grains de quartz qui paraissent comme enchâssés dans une matière translucide ; les parties larges du ciment comprennent des nodules de limonite fibreuse, à contours capricieux enveloppant des noyaux opaques de limonite.

Dans le ciment on remarque, en outre, des cristaux de zircon, avec inclusions de la forme typique des granites.

Les grains de quartz roulés, calibrés à la grosseur moyenne d'un quart de millimètre, renferment de nombreuses inclusions liquides, dont certaines à bulle mobile ; des cristaux de zircon très petits, du rutile en traits et, enfin, de petites lamelles de calcaire groupées de préférence sur les contours du quartz. Ces particularités permettent d'affirmer l'origine sédimentaire de la roche, qui a été formée de débris provenant de la désagrégation de roches en parties granitiques.

Il est probable que les blocs de minerai pauvre dont il vient d'être question proviennent du revêtement supérieur du dépôt de fer hydroxydé de la région de Landevennec, revêtement constitué aux dépens de roches clastiques.

C'est vraisemblablement au même niveau qu'on doit rattacher certains affleurements au sud du Faou, à l'ouest et au sud de Châteaulin ; celui de Kergalec-Lei, entre Briec et Châteauneuf-du-Faou, et le long du versant septentrional des Montagnes-Noires.

On pense qu'il existait jadis un haut fourneau à Coatigrach (commune de Saint-Coulitz), sur la rive gauche de l'Aulne. On y voit encore des amas de laitier et quelques loups de fer. La cherté du combustible l'aura sans doute fait abandonner. Quelques vestiges de scories, qu'on trouve ça et là entre Landevennec, Châteaulin et Gouézec indiquent qu'il existait des forges à bras dans cette contrée.

∴

Tous ces gisements dont il vient d'être question sont très peu connus et n'ont pas, jusqu'ici, attiré les chercheurs.

En 1840, cependant, on ouvrit quelques fouilles sur les minerais de Landevennec ; elles occupèrent 12 ouvriers et on en retira 736 tonnes de minerai, qui furent expédiés au haut fourneau de Lanveau (Morbihan). D'après de Fourcy, le minerai était riche, donnait de belle fonte et demandait peu de fondant. Mais le taux de la redevance qu'il fallait payer aux propriétaires du terrain et surtout le prix élevé du transport au haut fourneau ont fait abandonner cette tentative.

Les recherches ont été reprises, en 1872, sans aboutir à aucun résultat sérieux.

§ 8. — Bord sud du Synclinal de Carhaix, à l'est du massif granitique de Rostrenen. — Montagnes de Quénécan.

Au delà du massif granitique de Rostrenen et Seglien, dans les Montagnes de Quénécan et entre Goarec et Uzel, la bande siluro-devonienne présente des gisements de minerai de fer beaucoup plus intéressants.

∴

Dans les Montagnes de Quénécan, entre Sainte-Brigitte et Perret, vers le Ruello, se trouve un gisement de minerai de fer magnétique, subordonné aux schistes et grès de Camaret, c'est-à-dire placé vers la limite de l'Ordovicien et du Gothlandien, au voisinage de roches diabasiques.

Le minerai est formé de chlorite (dominante), de magnétite (accessoire) et d'une matière jaune indéterminée peu abondante ; il a la texture oolithique.

La chlorite est cristallisée dans les oolithes et le ciment ; la magnétite est répartie concentriquement, marquant la limite des oolithes distinctes et disséminée dans les espaces intéroolithiques ; en outre, elle envahit un peu les oolithes et elle existe, très ténue dans les cristaux de chlorite : la matière jaune est surtout cantonnée entre les oolithes ; quelques grenats sont visibles à l'œil nu.

Le granite de Seglien et Lescouet, qui a métamorphisé les roches de la région, a développé le grenat et la magnétite, cette dernière aux dépens d'un carbonate ou oxyde.

Les affleurements de Sainte-Brigitte ont été autrefois exploités pour les forges des Salles, situées au voisinage.

Des traces de vieux travaux, que l'on suit vers le nord jusqu'au bois de Goarec, semblent indiquer le prolongement vers le nord de ce gisement.

*
* *

Dans le devonien, au voisinage des grès à Orthis-Monniéri, une série de couches de minerai de fer suivent les sinuosités de la bande siluro-devonienne, d'abord grossièrement sud-nord, par Silfiac, Perret, Plélauff, Goarec; puis ouest-est, par Saint-Gelven, Saint-Gilles du Vieux-Marché, etc...

Leurs affleurements ou éboulis ont été exploités autrefois pour les forges des Salles, dans les communes de Langoëlan (30 à 40 o/o de fer), de Lescouët (minière de Crenard) et de Silfiac (minière de Kergraist) et surtout dans la région de Goarec, sur la rive droite du Canal de Nantes à Brest. Dans la région de Goarec, les anciennes exploitations forment trois bandes parallèles sur 6 à 7 kilomètres de long. Le minerai superficiel est un fer hydraté argileux, en rognons disséminés dans des amas d'argile jaune, qui s'intercalent de distance en distance entre les strates des schistes, souvent métamorphiques, qui sont à la base des grès devoniens à Orthis Monniéri.

En moyenne, ces minerais ne donnaient guère, paraît-il, plus de 30 à 32 o/o de fer au haut-fourneau.

Les exploitations ouvertes sur la lande de Goarec datent de la fondation des forges de Rohan et des Salles, c'est-à-dire remontent à trois siècles.

Elles ont dû porter sur les éboulis des couches ; le minerai s'épuisait à quelques mètres au-dessous du sol; mais, par endroits, on l'a suivi jusqu'à la profondeur de 20 mètres.

§9.—Bord oriental du bassin de Carhaix.

Au nord d'Uzel, le bassin carbonifère de Carhaix se termine contre le granite de Moncontour. Les schistes houillers y sont plissés, formant les synclinaux de Bellevue, de l'Hermitage, du Bodéo, d'Allineuc, de Merléac, faisant apparaître des bandes est-ouest de terrains devoniens, où affleure le niveau ferrifère dont il vient d'être question, notamment au Pas, à Bas-Valay, à Maubuchon, à la Ville-Falaise, dans le synclinal de Bellevue, et près du château de Lorges, dans le synclinal de l'Hermitage.

*
* *

Des minières existèrent autrefois en ces différents points. Les plus importantes sont celles du Pas et du Bas-Valay, commune de l'Hermitage. Elles ont été reprises en 1908, en vue de recherches en profondeur. Voici, d'après les rapports du Service des Mines au Conseil général des Côtes-du-Nord, quelques renseignements sur ce gisement :

Le gisement de fer de la forêt de Lorges a été découvert en 1827, par M. du Taya, procurateur de M. de Choiseuil. Depuis cette date, il a été exploité aux minières à ciel ouvert du Pas et du Bas-Vallon, jusqu'en 1863, puis de 1867 à 1874, pour les besoins du haut-fourneau du Vaublanc (près de Plemet) et celui du Pas, voisin de la minière du Pas, dont il subsiste encore une fonderie. Le gisement produisait alors jusqu'à 70,000 tonnes par an.

Le minerai du Pas, formé surtout d'hématite, tenait 46 à 55 o/o de fer métal; 1,5 à 2,5 o/o de manganèse; 5 à 10 o/o de silice; 1 à 5 o/o d'alumine; 2 à 5 o/o d'acide phosphorique; traces de soufre.

Le minerai de la minière du Bas-Vallon, formé de magnétite, d'hématite et d'un peu de bavalite (chlorite à structure oolithique), tenait 49 à 57 o/o de fer; 8 à 9 o/o de manganèse; 10 à 16 o/o de silice; 1 à 13 o/o d'alumine; traces d'acide phosphorique et de soufre.

Ces indications se rapportent à l'ensemble des produits de l'extraction. Certaines parties ont donné jusque 63 o/o de fer, mais le minerai voisin de la surface du sol est évidemment assez irrégulier.

L'exploitation des minières avait été abandonnée à la suite des transformations profondes subies par la métallurgie du fer et ne peut être reprise qu'en vue du développement de l'exportation.

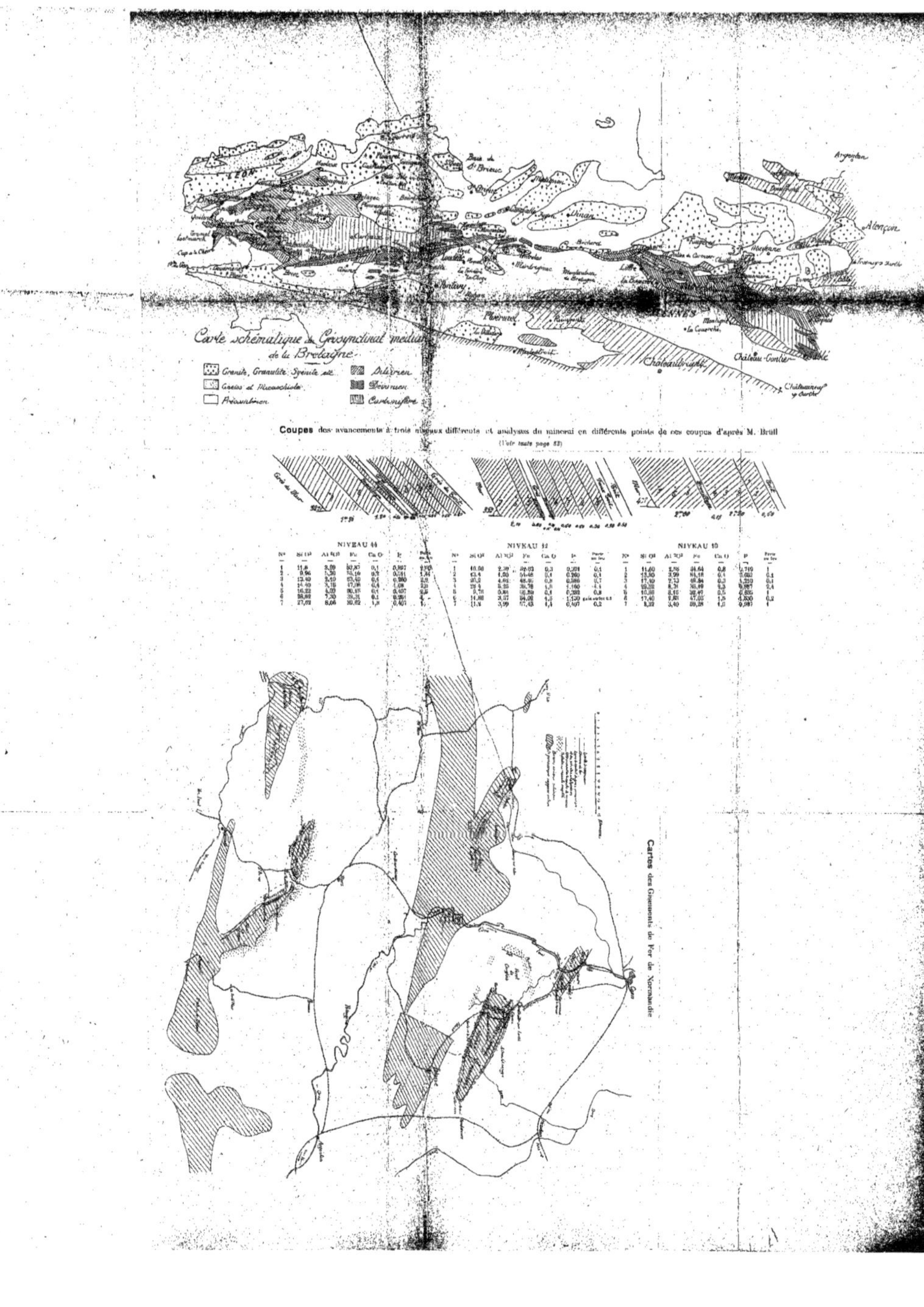

NIVEAU 14

N°	Si O²	Al²O³	Fe	Ca O	P	Perte au feu
1	11,6	3,09	52,87	0,1	0,897	2,30
2	9,96	7,30	55,16	0,2	0,211	1,44
3	13,40	2,10	53,40	0,4	0,290	2,8
4	14,40	3,16	47,16	0,4	1,08	2,3
5	16,22	4,00	50,15	0,1	0,407	2,5
6	38,62	7,30	39,31	0,1	0,261	4
7	27,62	8,06	30,62	1,0	0,401	1

NIVEAU 12

N°	Si O²	Al²O³	Fe	Ca O	P	Perte au feu
1	10,06	2,30	52,03	0,3	0,201	0,1
2	13,4	1,00	54,46	0,4	0,260	0,4
3	20,2	4,61	48,95	0,8	0,386	0,7
4	25,4	5,25	38,78	1,8	1,160	4,4
5	9,78	0,84	56,50	0,4	0,332	0,8
6	14,86	3,57	54,02	1,5	1,130	gain au feu 0,5
7	11,3	3,99	57,43	1,4	0,407	0,2

NIVEAU 10

N°	Si O²	Al²O³	Fe	Ca O	P	Perte au feu
1	11,60	2,56	54,64	0,8	0,749	1
2	13,50	3,99	51,18	0,4	0,682	0,1
3	17,40	2,73	48,84	0,3	1,210	0,1
4	22,22	8,31	36,49	2,3	0,957	2,4
5	10,86	8,15	52,47	0,5	0,835	1
6	17,40	9,81	47,03	1,5	1,830	0,2
7	8,32	3,40	59,28	1,0	0,987	1

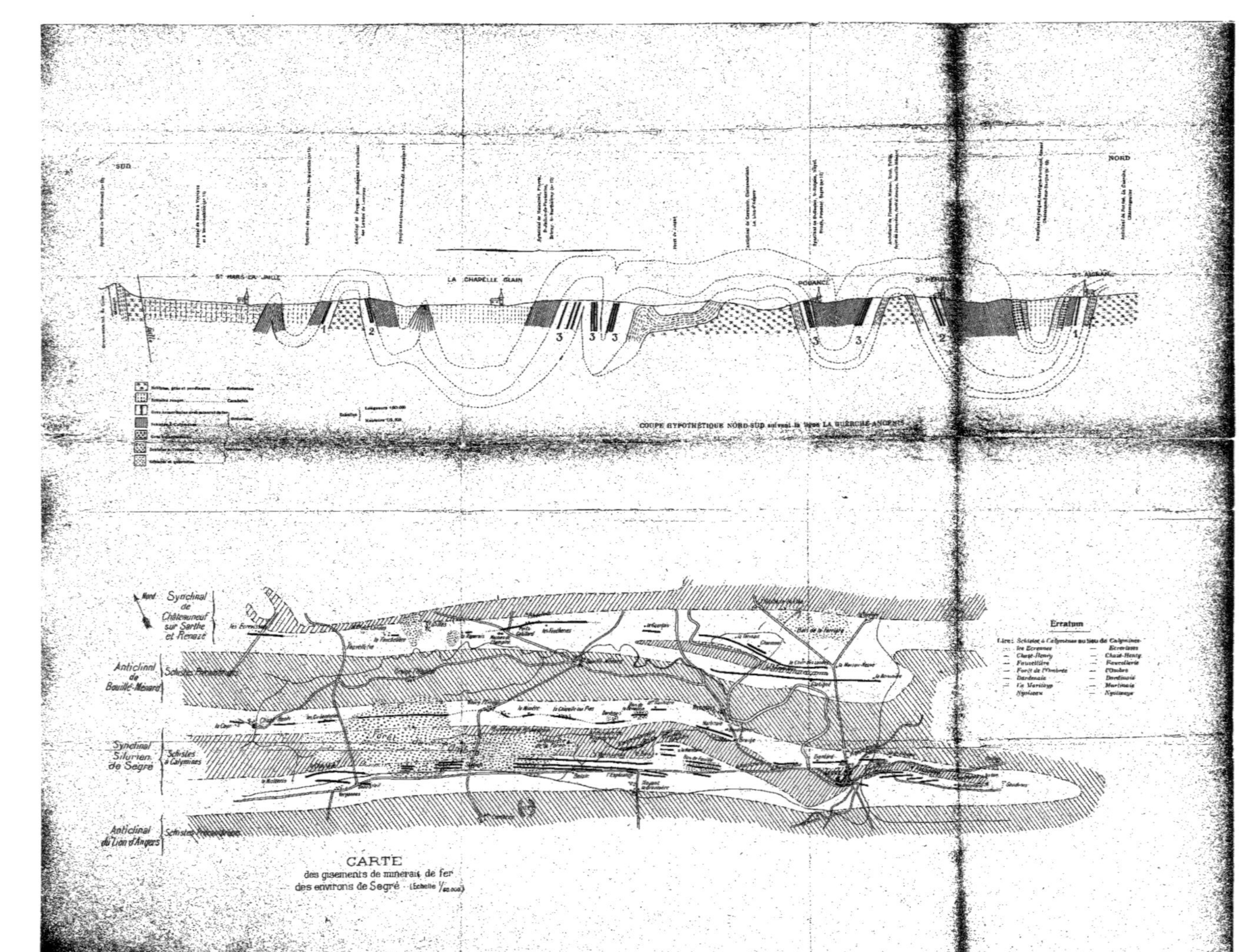
SUD
NORD
St MARS-LA-JAILLE
LA CHAPELLE GLAIN
POUANCÉ
St AUBIN
COUPE HYPOTHÉTIQUE NORD-SUD suivant la ligne LA GUERCHE-ANGERS
Nord
Synclinal de Châteauneuf sur Sarthe et Renazé
Anticlinal de Bouillé-Ménard
Schistes Précambriens
Synclinal Silurien de Segré
Schistes à Calymènes
Anticlinal du Lion d'Angers
Schistes Précambriens
Erratum
Lire : Schistes à Calymènes au lieu de Calymines
CARTE
des gisements de minerais de fer
des environs de Segré · (Échelle 1/80.000)

Des recherches pour découvrir le prolongement éventuel du gisement furent entreprises de 1890 à 1897 par M. Mouchel sans résultat sérieux.

M. Kerforne reprit l'étude de la question en 1908 et, en 1909, une société de recherches, dite des Mines de Lorges, s'est constituée, comprenant comme principaux membres : MM. Kerforne, professeur à la Faculté des Sciences de Rennes, Gilbert, banquier à Avranches, Rioust de Largentaye, député des Côtes-du-Nord, sir James Waddie, négociant en charbons à Leith (Ecosse). Cette Société a sollicité le 23 avril 1909 une concession de mines de fer sur le territoire des communes de l'Hermitage-Lorges, Lanfains et Saint-Brandan. L'Administration n'a pas encore statué, mais a accordé un sursis d'instruction, pour permettre de poursuivre et de développer les travaux de recherches, qui ne sont pas encore concluants.

Des fouilles superficielles auprès des anciennes minières du Pas et du Bas-Vallon, à Maubuchon, à la Ville-Falaise, à la Hutte, ont d'abord conduit à reconnaître la continuité de l'horizon de minerai de fer, auquel appartiennent les anciennes minières, considérées d'abord comme dérivant de roches éruptives ; le terrain devonien occupe, par-dessus les schistes précambriens avec lesquels il est en contact par faille, un brachysynclinal orienté Est-Ouest, beaucoup plus resserré à l'Est qu'à l'Ouest. Le centre de cette cuvette de terrain devonien est occupé par le grès à Orthis-Monnieri, reposant sur les schistes et quartzites, dits de Plougastel, qui affleurent sur les bords du brachysynclinal.

L'horizon ferrifère se trouve au-dessous des grès, à 60 ou 80 mètres au maximum et viendrait affleurer suivant une courbe fermée, située à l'Est du ruisseau du Pas ; l'affleurement passerait aux anciennes minières du Pas et du Bas-Vallon. A Maubuchon, il se recourberait vers l'Ouest, près du village du Foyer en Saint-Brandan, pour reparaître à la Ville-Falaise et à la Hutte.

Les schistes encaissant le minerai sont au toit et au mur très argileux et très noirs ; ils sont souvent métamorphisés.

Des affleurements du même niveau existent en outre à l'Ouest du ruisseau du Pas et au Sud, dans le synclinal de l'Hermitage, notamment près du château de Lorges.

Des travaux en profondeur ont été exécutés au Pas, à Bas-Vallon ; en outre des sondages ont été faits pour recouper la couche :

1° Travaux souterrains du Pas. — Une descenderie ouverte près de la station du Pas, près du chemin de grande communication n° 7, inclinée vers le N.-E. à 35° environ atteint 65 mètres suivant la pente.

Elle a suivi la couche de minerai, puissante de 2 mètres ; à la profondeur de 35 mètres, elle est passée du minerai hématite dans une formation noire, avec traces de pyrites de fer plus ou moins oxydées.

Des galeries partent de la descenderie à 3 niveaux : Au niveau du chemin, une galerie a été tracée dans la couche de minerai vers le S.-O. ; elle a été arrêtée par une faille.

Le 2e niveau est situé à 33 mètres du jour suivant la pente. La galerie se développe sur une vingtaine de mètres vers le N.-N.-O.

Après quelques mètres dans le minerai oxydé, elle est entrée dans une formation noire, boueuse, d'une épaisseur minimum de 10 mètres, présentant, dans la masse, des mouches assez nombreuses de pyrite et même quelques rognons de pyrite pure. Un travers-bancs vers l'Est, fait au toit de cette formation, a rencontré, à une quarantaine de mètres de distance, les grès à Orthis-Monnieri après avoir traversé une alternance de bancs de schistes ordinaires et de quartzites très réguliers. Ce travers-bancs a dû être bouché par un serrement en raison de l'abondance des eaux.

Deux galeries ont été creusées vers l'Ouest-Sud-Ouest. La première a dû être abandonnée au bout de quelques mètres par suite du forcement des terrains. La seconde a atteint 33 mètres de long dans une formation noirâtre et blanchâtre plus ou moins pyriteuse.

Au troisième niveau, à 60 mètres du jour, une galerie, longue de 45 mètres environ, a été creusée vers le Nord-Nord-Ouest ; à 10 mètres et à 32 mètres de la descenderie, en partant vers l'Ouest-Sud-Ouest, deux galeries, longues respectivement de 15 à 20 mètres environ ;

de la première part une ramification d'une quinzaine de mètres vers le Nord-Nord-Ouest. Les galeries sont dans la formation noire pyriteuse rencontrée au niveau supérieur.

2° *Sondages.* — Douze sondages ont été faits dans la région et à l'Ouest de la minière de Bas-Vallon ; ces sondages n'ont pas dépassé cinquante mètres de profondeur. Le n°9 a recoupé une couche de minerai hématite entre 13m50 et 17m50 de profondeur. Le n° 10 a recoupé du minerai quartzeux entre 5m50 et 7 mètres. Le n° 11 a recoupé du quartz fortement chargé de magnétite vers 14 mètres de profondeur, sur une épaisseur qui n'a pas été déterminée. Tous les autres sondages n'ont recoupé que des schistes et quartzites.

3° *Travaux de Bas-Vallon.* — De petites galeries, dont les plus longues atteignent 33 et 25 mètres, ont été creusées à partir du fond de l'ancienne minière de Bas-Vallon en vue de déterminer la constitution locale du gisement, qui paraît très morcelé.

C'est sans doute au voisinage de roches diabasiques voisines qu'il faut attribuer la transformation du minerai de Bas-Vallon en magnétite.

Les travaux décèlent donc un gisement irrégulier aux points explorés et ne sont pas assez développés pour permettre l'appréciation du gisement.

Le minerai extrait des travaux (hématite magnétite et pyrite) s'élève à 400 tonnes environ.

∴

M. Cayeux a fait l'étude microscopique du minerai de Bas-Vallon.

Il est noir verdâtre et grenu ; à la loupe, on voit des oolithes pressées, aplaties, discoïdes de 2/10 à 4/10 de m/m de diamètre.

Il renferme du fer magnétique, de la chlorite (bavalite) de la sidérose, de l'hématite rouge, de la limonite, de l'opale.

Les oolithes sont formées de magnétite soit entièrement, soit seulement a la périphérie avec un noyau différent, généralement en chlorite ; quelquefois on voit de la siderose au centre ; quequefois on voit de l'opale répartie dans toute l'oolithe ou seulement dans le noyau de chlorite.

Le ciment est accessoire et peu important, il renferme tous les éléments, principalement la chlorite et la sidérose.

On trouve quelques organismes transformés en sidérose avec magnétite et bavalite.

Le minerai dérive d'une roche oolithique, partiellement ou complètement calcaire, renfermant des vestiges de crinoïdes, qui ont servi de centres aux oolithes. La sidérose formait le minerai tout entier à une certaine phase ; la magnétite et la chlorite se sont développées plus tard. Les oolithes sont contractées et déformées par une compression intense qui les a fait pénétrer dans les débris organiques.

D'autres parties du minerai sont plus transformées encore et ne présentent plus que des traces de sidérose :

La structure oolithique est confuse et ne se manifeste que par des taches satinées ou quelquefois des grains noir terne allongés de 1 m/m à 1 m/m 5, formant saillie ou creux. Les oolithes sont toujours clairsemées et formées d'une matière qu'une forte pression réduit en poudre attirable à l'aimant.

Le grenat forme des grains ou des traînées irrégulières. En dehors des plages de grenat, il n'y a que de la chlorite et de la magnétite.

Au microscope, on voit beaucoup d'oolithes, non visibles à l'œil nu, mais moins abondantes que dans le premier cas ; elles sont formées de bavalite avec de la magnétite, soit peu abondante, soulignant la structure concentrique (oolithes pulvérulentes formant taches satinées), soit abondante et détruisant la structure concentrique. Dans la bavalite, on voit de rares grains irréguliers de sidérose.

Le ciment est un mélange confus de bavalite et de magnétite.

Les organismes ne sont représentés que par des vestiges d'encrines transformés en magnétite.

Il résulte donc des travaux de M. Cayeux que l'origine de l'hématite du Pas et de la magnétite de Bas-Vallon est vraisemblablement du fer cabonaté.

§ 10. — Terrains Précambriens du Sud

La grande bande de schistes précambriens qui borde au Sud le grand geosynclinal de la Bretagne, présente quelques petits gisements de minerai de fer assez confus, auxquels il est généralement assez difficile d'attribuer une origine.

∴

Au pied méridional des Montagnes-Noires passe un faisceau de filons de diorite à ouralite, Est-Ouest, d'épaisseur de 2 à 5 mètres et généralement très décomposés.

Dans la région de Gourin, la concentration de leurs produits d'altération a produit les gisements superficiels de minerai de fer qui ont été momentanément exploités vers 1825 à Landevec, Parcarharnec, Kerguicher, Menez-Robin (N.-E. de Gourin), pour les forges de Pont-callec.

Le minerai était constitué par des hydroxydes argileux, tenant 35 à 40 o/o de fer, en veines irrégulières, formant stockwerck au milieu d'argiles, de schistes altérés, de porphyres verts plus ou moins décomposés.

∴

La grande voute anticlinale précambrienne de Pontivy, Loudéac, est également traversée de filons de diabases à ouralite, analogues à ceux de Gourin; dans la région à l'Ouest de Rohan, ces filons dirigés S.-O.--N.-E. épais de 2 à 5 mètres sont très décomposés; et des minerais limonitiques en dérivent par action secondaire. Ces minerais ont été autrefois exploités pour les forges des Salles de Rohan en de nombreux points: près et à l'ouest du Château de Kerdréan, commune de Naizin, à 2 kilomètres à l'O.-S.-O. de Kerfourn, au S.-O. et au N.-E. de Kerjosse, commune de Kerfourn; à 500 mètres au S.-O. et au N.-O. de Clebzun, hameau situé à 3 kilomètres de Rohan; à Kervert, à 1 kilomètre au N.-O. de Saint-Gouvry, etc.....

∴

Plus à l'Ouest, au Sud des Monts du Mené, on trouve des formations de galets roulés de quartz attribués au pliocène; ils sont quelquefois associés à des lits de sable jaune et à des minerais de fer.

Ceux-ci ont été exploités à la Ferrière (5 km à l'E. de la Chèze), à Castenouet (entre Merdrignac et Gommené), à 1 km au S.-S.-E. de Saint-Véran (N. de Merdrignac).

Ils ont fourni du fer hydroxydé en amas de peu d'étendue, se perdant à 7 ou 8 mètres de profondeur.

Le minerai était conduit au haut-fourneau du Vaublanc (N. de Plemet) ou à celui de la Hardouinais (S. de Saint-Launeuc).

∴

Au N. des Monts du Mené, à Carbilan (2 km au N. de Colinée), on a exploité autrefois pour le haut-fourneau du Vaublanc, du minerai hydroxydé en puissants rognons, intercalés de distance en distance, dans les phyllades de Saint-Lo. Les exploitations sont nombreuses et profondes; quelques-unes d'entre elles remontent à une époque reculée.

II

Bassin de Bélair

A l'est du massif de granite et de micaschistes des Monts-du-Méné, le grand géosynclinal de la Bretagne n'est plus marqué que par une étroite bande de terrains siluriens et surtout dévoniens, allant de Colinée, à l'ouest, à Gahard, à l'est, et constituant le bassin de Bélair.

Cette bande est traversée obliquement du S.-O. au N.-E. par la traînée granitique de Loudéac à Fougères, marquée par les massifs de Langourla, Lanrelas, Bécherel, Feins, Fougères.

Le bassin de Bélair correspond au grand rempli synclinal du pays, suivant lequel communiquèrent directement les mers de Châteaulin et de Laval, pendant toute la durée des temps paléozoïques. Les diverses assises qui occupent l'étroit bassin de Bélair, en couches voisines de la verticale, n'offrent pas la disposition simple d'un pli synclinal, où, de part et d'autre du pli, la même série est répétée en sens inverse; loin de là, et malgré le parallélisme et la concordance apparents des diverses bandes d'affleurements, on constate qu'il y a de nombreuses lacunes entr'elles, comme aussi des répétitions des mêmes bandes. On voit, de plus, que le nombre et l'âge de ces rayures varient suivant les divers méridiens du bassin ; elles sont séparées par des cassures curvilignes, qui ont ainsi isolé, dans cette gorge synclinale, une série d'esquilles, de forme semi-lenticulaire. Les transgressions originelles des couches ne sont plus visibles ; elles ont été effacées par les actions mécaniques, qui ont empilé les strates en un faisceau concordant.

Ainsi, le bassin de Bélair ne délimite pas, malgré les apparences, un ancien détroit de la mer paléozoïque, ni un pli synclinal conservé en entier ; ce n'est qu'une tranche de terrain, découpée par failles, dans un grand synclinal siluro-carbonifère, dont le reste a disparu par dénudation.

La conservation est due à un effondrement, dans une fosse étroite, ouverte entre des murailles précambriennes à pendage nord, à l'époque houillère supérieure, après l'intrusion des granites.

∴

Nous ne connaissons pas de gisements en place dans le bassin de Bélair.

On peut, toutefois, y rattacher ceux de la forêt de Montauban-de-Bretagne, qui s'étend au sud du bassin, sur les terrains précambriens. Ces gisements se trouvent dans les graviers, sables et argiles pliocènes, qui forment un manteau déchiqueté par dessus les schistes précambriens. A l'époque Tongrienne, en effet, les eaux de l'Atlantique envahirent la région de Rennes, formant un golfe, qui communiquait par le fiord de la Vilaine avec Nantes, de là à Bordeaux et à Dax. A l'époque miocène des faluns de l'Anjou, la mer a recouvert des points encore plus élevés, faisant communiquer le canal de la Vilaine avec celui de la Rance, par la vallée du Meu, Landujan et Trefumel, et cet ancien détroit, jalonné par des terrains miocènes et pliocènes, isola momentanément la Basse-Bretagne sous forme d'une île.

Dans les dépôts pliocènes ainsi laissés, existent quelquefois des dépôts de minerai de fer.

Nous avons déjà signalé ceux de Pontpéan et de Chartres, au sud de Rennes (chap. II, IV, § I, 4°).

A la même catégorie se rattachent ceux de la forêt de Montauban, exploités autrefois, ainsi qu'en témoignent les scories anciennes qu'on voit aux villages des Ferrières et de la Ferrière, à l'O. et au N.-O. de la forêt. Ils sont des plus irréguliers : la plus belle coupe peut donner, au-dessous de 2 m. 50 de terre végétale et d'argile superficielle stérile, d'abord des morceaux épars, à surface arrondie de minerai riche, puis du minerai massif contenant des lambeaux considérables d'argile schisteuse violette, rouge ou blanche, pouvant représenter le tiers de la masse. Avant la profondeur de 7 mètres, on trouve l'argile de fond sur la roche ancienne en place.

La teneur en fer ne dépasse pas 42 o/o ; elle est souvent inférieure à 35 o/o ; celle en silice s'élève jusqu'à 25 o/o. Les gisements sont trop irréguliers, tant comme quantité que comme richesse pour pouvoir être repris aujourd'hui.

Des fouilles avaient été entreprises par M. de Poorter, il y a quelques années, sur des gisements analogues situés au N. du bassin de Bélair, vers Montreuil-sur-Ille ; aucune suite n'y a été donnée.

III

Bassin de Laval

A l'est de Gahard, le géosynclinal de la Bretagne prend la direction O.-N.-O.-E.-S.-E., direction générale des plissements français entre le méridien de Rennes et celui de Moulins.

La compression intense qu'il a subie diminue beaucoup d'importance en avançant vers l'est ; cependant, elle est encore très nette et se présente comme l'effet d'une poussée venant du sud, qui aurait pressé les couches contre les môles granitiques de Fougères et Mayenne au nord.

§ I. — Aperçu géologique et tectonique

La série des terrains est la suivante :

Précambrien :		Schistes.
Silurien :	*Cambrien :*	Poudingue pourpré et schistes lie de vin.
—	—	Schistes et quartzophyllades avec

Silurien :	*Cambrien :*	bandes de calcaire magnésien.
—	—	Grès (dits de Ste-Suzanne).
—	—	Brèches porphyritiques, conglomérats et porphyres petrosiliceux.
—	—	Grès felspathique.
—	—	Psammites violets et verts.
—	—	Grès ferrugineux en plaquettes.
—	*Ordovicien :*	Grès armoricain.
—	—	Schistes à Calymène Tristani.
—	—	Grès à Calymenella.
—	—	Schistes à Trinucléus.
—	*Gothlandien :*	Grès quartzeux.
—	—	Schistes ampéliteux et schistes argileux avec petits bancs de quarzites.
—	—	Schistes à Bolbozœ.
—	—	Schistes et quartzites.
Devonien :	*Inférieur :*	Schistes et quartzites, dits de Plougastel.
—	—	Grès à Orthis-Monniéri.
—	—	Schistes et calcaires à Athyris-Undata.
—	—	Schistes et calcaire à Spirifer-Decheni.
—	—	Schistes et calcaire à Phacops-Potieri et Rynchonella-Orbygniano.
—	*Moyen :*	Manque.
—	*Supérieur :*	Manque.
Carbonifère :	*Culm :*	Blaviérite.
—	—	Poudingues, grès, schistes avec couche d'anthracite (l'Huisserie, Montigné, Le Genest, Sablé, Solesmes, Saint-Loup, etc.).
Carbonifère :	*Culm :*	Solesmes, Saint-Loup, etc.).
—	—	Calcaire, dit de Sablé, à Productus giganteus.
—	*Westphalien :*	Grauwacke à Echinides.
—	—	Calcaire de Laval.
—	—	Schistes de Laval : à la base, schistes, grès et poudingues avec couches d'anthracite (La Bazouge, Epineux, La Baconnière).
—	*Stéphanien :*	Bassin houiller de Saint-Pierre-la-Cour.
Eocène :	—	Grès à Sabalites (Bartonien).
Oligocène :	—	Calcaire lacustre de Thévalles.
Miocène :	—	Faluns, dits de Touraine.
—	—	Faluns, dits de l'Anjou.
Pliocène :	—	Graviers avec galets de quartz.

∴

Les couches paléozoïques forment principalement le synclinal de Laval. Le plissement de celui-ci est le résultat d'une poussée venant du sud et s'exerçant contre le massif granitique, qui s'étale à 10 kilom. au N. de Laval. Le bord méridional se présente sous forme d'un retroussement, sorte de pli couché dont la lèvre supérieure a pu s'étaler librement ; par exemple, à Montigné, le précambrien recouvre, avec pendage sud, le grès armoricain, qui est lui-même par dessus le grès, à Calymenella de Saint-Germain-sur-Ille.

Le bord septentrional presente, en raison du voisinage du mole granitique résistant, des plissements secondaires accumulés et accentués jusqu'au renversement.

A l'extrémité Ouest du bassin de Laval, le géosynclinal est divisé en deux plis secondaires séparés par un anticlinal précambrien, qui se traduit topographiquement par une dépression. Cette division disparait bientôt par la jonction de la bande de grès armoricain de Gosné et de celle qui limite au Sud la forêt de Sévailles. Ces deux bandes se reunissent au Nord de Dourdain par la crête armoricaine des Pruniers et celle de Villeneuve. Au-delà, vers l'Est, on voit au milieu d'un grand développement de schistes et quartzites du gothlandien et du dévonien inférieur, des lambeaux de schistes et de grès ordoviciens interrompus par des massifs granitiques ou précambriens limités par failles. Dans la Mayenne, le géosynclinal s'ouvre de plus en plus, mais il est encore coupé de failles avec rejets, lorsque des massifs résistants sont venus entraver la marche de couches redressées et de plis failles ayant amené la disparition de certains termes. En outre, la flexion verticale des axes des plis a amené la formation de dômes ou de cuvettes.

Enfin, des transgressions se sont produites au début du grès armoricain, au début du carbonifère, se manifestant par un envahissement des dépôts du culm débordant au-delà des limites que le dévonien leur avait tracées, au début du westphalien, produisant la discordance du bassin de Saint-Pierre-le-Cour.

***

Vers sa terminaison orientale, en bordure du bassin de Paris, le synclinal de Laval se double, au Nord, d'autres plis marqués par des dépôts siluriens bordant le massif granitique qui s'étend entre Laval et Mayenne : d'abord, au Nord de ce massif, le synclinal de Pail, s'étendant Ouest-Est de Mayenne à Alençon, et au Sud-Est de ce massif, celui des Cœvrons, s'étendant S.-O.-N.-E. par Sillé-le-Guillaume et Fresnay-sur-Sarthe ; ces synclinaux se réunissent dans la région d'Alençon. Ils ont été en relation avec le Synclinal de Laval pendant toute la durée du silurien moyen et supérieur et ne paraissent pas avoir été envahis par le dévonien.

§ 2. — Gisements de Minerai de fer

Il a été question des minerais de fer du synclinal de Mayenne à Alençon et du synclinal de Sillé-le-Guillaume à l'occasion de l'étude des minerais de fer normands.

Il nous reste à parler des gisements du Synclinal de Laval.

***

Dans la région Ouest du bassin, on a exploité autrefois de nombreux gisements superficiels de limonite et d'hématite compacte, durs ou schisteux et géodiques, reposant sur le calcaire marbre ou remplissant des poches du grès dévonien.

C'est le cas des anciennes minières des environs de Gahard, Saint Aubin-du-Cormier, Liffré, Dourdain, Izé, la Bouëxière.

Elles alimentaient des hauts-fourneaux aujourd'hui disparus, comme celui de Serigné, près de Liffré.

Un de ces gisements a été récemment repris par M. de Poorter, près de Saint-Aubin-du-Cormier.

***

Sur les grès dévoniens qui s'étalent largement au N.-O. de Laval, de nombreuses minières étaient également exploitées autrefois pour les hauts-fourneaux de Chailland, Port-Brillet, Aron, Orthe, Moncor :

A Kembuche, aux Essarts, près de Port-Brillet ;

Au Champ-Bouquet, à la Ferrière et au Gué à la Châtre (S. du Bourgneuf) ;

A la Templerie-d'Echerbe (4 km. à l'O. de la Baconnière) ;

Aux Beillandières (2 km. à l'O.-S.-O. de la Baconnière) ;

A la Cueillerie (2 km. au S.-O. de Placé) ;

La Pionnière et la Ferriére (3 et 4 km. au S.-E. de la Baconnière).

A la Carterie (3 km, au N.-E. de Saint-Ouen-des-Toits) ;

Au N.-E. de Launé, au S. de la Verrerie, aux Chênes-Secs (3 à 4 km. S.-E. de Saint-Ouen-des-Toits) ;

A 1 km. au N. de Changé, à la Beltière (4 km. à l'O.-N.-O. de Changé) ; aux Cartries, à la Patty-d'Orgerie (1 km. S. de Saint-Berthevin), etc.

Ces gisements se trouvent tous au voisinage de l'affleurement de la base des grès à Orthis-Monnieri. Ils semblent bien n'être que les résultats de remaniement des affleurements du niveau ferrifère que l'on retrouve dans tout le géosynclinal breton, subordonné aux grès à Orthis-Monnieri.

* * *

Plus à l'est et sur le flanc nord du synclinal de Laval, M. Oelhert a signalé l'existence de plusieurs couches de minerai de fer subordonnées aux schistes à Calymène-Tristani, c'est-à-dire correspondant aux couches des synclinaux plus au nord de Normandie. Elles affleurent en plusieurs points dans les bois de Moncor, entre Saint-Jean-d'Orques et Saint-Leger.

Les minerais ont à la surface l'aspect de schistes décomposé et terreux, des roches gris-jaunâtre, jaune-verdâtre, brunâtre ou noirâtre ; la cassure fraîche laisse généralement voir de belles oolites, distribuées avec la plus grande irrégularité. Les oolites varient de volume ; on en voit d'un millimètre de diamètre, juxtaposées à côté d'autres n'ayant qu'un dixième de millimètre de diamètre ; leur couleur varie du vert-jaunâtre au vert-brunâtre (chlorite passant à la limonite).

Le ciment est formé d'une trame chloriteuse très altérée, englobant les oolites, de nombreux petits grains de quartz clastiques et de paillettes de muscovite.

Ces minerais sont à base de fer silicaté, observé à des états de décomposition très divers et chargés de limonite.

Ils ont été exploités autrefois pour les forges de Moncor, notamment au Coin-des-Haies et au sud de Blandouët.

IV

Avenir

Il résulte des descriptions qui précèdent que de nombreuses exploitations de minerai de fer, relativement importantes, ont existé autrefois au voisinage de la fosse médiane bretonne ; certaines, voisines de la rade de Brest, remontent à l'époque gallo-romaine.

Ces exploitations sont-elles susceptibles d'être reprises fructueusement aujourd'hui ?

Evidemment non, car les gisements superficiels sur lesquels elles portaient paraissent avoir été presqu'épuisés ; en tous cas, ils sont irréguliers et beaucoup sont pauvres.

A ce dernier point de vue, il ne faudrait pas conclure, d'après les teneurs indiquées par les anciens auteurs (26 à 40 o/o), que ces minerais n'ont aucune valeur. Il s'agit là de rendement dans les hauts-fourneaux bien imparfaits de cette époque ; ces minerais n'ont-ils pas d'ailleurs été traités par la métallurgie gallo-romaine, dont les déchets sont actuellement utilisables, ce qui indique que les matières premières le seraient à plus forte raison.

Certains de ces gisements jalonnent très vraisemblablement les affleurements de couches profondes. Le niveau le plus constant à cet égard est celui du dévonien, qui est subordonné au grès à Orthis-Monnieri, et que l'on trouve d'un bout à l'autre du bassin de Carhaix et de celui de Laval.

C'est sur lui que portent les recherches de l'Hermitage-Lorges. Il est désirable qu'elles soient poursuivies et que d'autres soient entreprises sur le même niveau dans une région moins accidentée de failles. Leur développement permettra seul d'apprécier la valeur industrielle de ce niveau ferrifère.

Dans le bassin de Laval, sur le bord nord, on a reconnu aussi les couches siluriennes, dans les shistes noirs charbonneux qui séparent le grès armoricain du schiste à Calymène ; il est possible que ce niveau donne lieu à des recherches et à des exploitations, comme en Normandie et dans l'Anjou et la Basse-Bretagne.

TABLE DES MATIÈRES

Introduction

CHAPITRE I

Observations Générales

CHAPITRE II

Le Minerai de Fer Normand

CHAPITRE III

Le Minerai de Fer de l'Anjou et de la Basse-Bretagne

CHAPITRE IV

Le Minerai de fer de la Fosse Vendéenne

CHAPITRE V

Le Minerai de Fer du grand géosynclinal médian de la Bretagne

TABLE DES PLANCHES

www.ingramcontent.com/pod-product-compliance
Ingram Content Group UK Ltd.
Pitfield, Milton Keynes, MK11 3LW, UK
UKHW012047240726
13965UKWH00003B/1102

9 782013 042895